AF317329

# DES

# ASTREINTES

## THÈSE POUR LE DOCTORAT

PAR

### Ernest CROISSANT

AVOCAT A LA COUR D'APPEL

PARIS

LIBRAIRIE NOUVELLE DE DROIT ET DE JURISPRUDENCE

ARTHUR ROUSSEAU, ÉDITEUR

14, RUE SOUFFLOT ET RUE TOULLIER, 13

1898

# THÈSE

## POUR LE DOCTORAT

# DES
# ASTREINTES

## THÈSE POUR LE DOCTORAT

L'ACTE PUBLIC SUR LES MATIÈRES CI-APRÈS
*Sera soutenu le vendredi 22 avril 1898, à 2 heures 1/2*

PAR

### Ernest CROISSANT

AVOCAT A LA COUR D'APPEL

Président : M. Ch. MASSIGLI.
Suffragants : { MM. GLASSON, *professeur.*
PIÉDELIÈVRE, *agrégé.*

PARIS

LIBRAIRIE NOUVELLE DE DROIT ET DE JURISPRUDENCE
## ARTHUR ROUSSEAU, ÉDITEUR
14, RUE SOUFFLOT ET RUE TOULLIER, 13

1898

*A LA MÉMOIRE DE MON PÈRE*


*A MA MÈRE*


*A MA FAMILLE*


*A MES AMIS*

# INTRODUCTION

L'astreinte (de *astringere*) est une mesure destinée à opérer une contrainte, une pression sur un débiteur, pour l'amener à exécuter son obligation.

Mais le sens de cette expression a besoin d'être précisé ; la pratique dont nous voulons parler n'est pas nouvelle ; elle est généralement connue ; seule, la dénomination d'astreinte dont se sert la jurisprudence depuis ces dernières années paraît être assez ignorée.

Il faut tout d'abord différencier les astreintes de certaines autres mesures qui peuvent aussi opérer une pression sur le débiteur : les voies d'exécution des jugements.

Quand un droit a été reconnu en justice, et qu'une condamnation est intervenue, il est nécessaire que cette condamnation soit exécutée ; pour obtenir ce résultat, la loi a créé les voies d'exécution. Avant l'abolition de la contrainte par corps, ces voies d'exécution pouvaient même avoir lieu sur la personne, mais depuis la loi du 22 juillet 1867, les seules mesures admises en matière contractuelle sont les voies d'exécution sur les biens.

Les législations primitives se montraient très sévères sur le sort du débiteur qui ne payait pas ses dettes. A Rome, ses créanciers pouvaient se partager son corps :

c'était le droit sur le cadavre. Lorsque cette législation barbare disparut, le créancier conserva longtemps encore le droit d'emprisonner son débiteur chez lui, dans sa maison, *in carcere privato* et d'en faire son esclave.

Mais sans employer des moyens aussi excessifs, la seule menace d'une saisie sur les biens opérera souvent une pression suffisante sur le débiteur pour le déterminer à subir la condamnation. Menacé dans son honneur et dans son crédit, il aimera mieux s'exécuter que de voir ses biens vendus et ses créances saisies-arrêtées. On vaincra ainsi la plupart du temps l'obstination d'un débiteur mal conseillé, tenace, ou de mauvaise foi.

Les voies d'exécution des jugements sont des moyens créés par la loi elle-même pour sanctionner les décisions de la justice. Tout créancier a pour gage le patrimoine de son débiteur ; une fois la sentence rendue et passée en force de chose jugée, le débiteur de bonne foi n'a qu'à se soumettre.

Si, remontant à une étape antérieure de l'opération, on laisse de côté le jugement, et si on envisage purement et simplement la convention intervenue entre les parties, on voit que la jurisprudence, pour vaincre aussi la résistance du débiteur et assurer l'exécution de l'obligation, a, dans certains cas, employé des moyens qui semblent avoir quelque ressemblance avec les voies d'exécution.

La pression exercée sur le débiteur n'est plus ici dans

la menace d'une saisie ; elle est dans l'exagération des dommages-intérêts, hors de proportion avec le préjudice éprouvé.

Ces dommages-intérêts sont dans l'esprit des juges destinés à agir comme menace ou comme peine. Le débiteur fera ce qu'il a promis à moins qu'il n'aime mieux sa ruine. Ces procédés ont reçu le nom d'astreintes ; ils opèrent en effet une sorte de pression à jet continu sur le débiteur.

Indéfinie dans sa durée, l'astreinte a pour caractère principal de ne jamais se résoudre, tant que l'obligation n'a pas été exécutée. Son but étant de menacer et de punir, il est de son essence même d'augmenter en proportion de la résistance rencontrée ; elle peut atteindre des proportions colossales, elle grandit toujours et forme véritablement « boule de neige ».

A chaque refus d'exécution, elle doit augmenter et ainsi de suite ; jamais elle n'atteindra son maximum tant que le débiteur refusera d'exécuter ce qu'il a promis ; son paiement régulier sera une preuve de son insuffisance même.

Pour le débiteur obstiné, c'est la ruine certaine à brève échéance, il y a là comme le dit fort bien M. Garsonnet une véritable torture morale opérée sur la personne.

Cependant il serait intéressant de rechercher comment cette théorie des astreintes a pris naissance. Créée de toutes pièces par notre jurisprudence, sans qu'elle s'en rende bien compte, elle est arrivée aujourd'hui à un point où il est utile de jeter un coup d'œil en arrière et de voir le chemin parcouru.

Critiquée par l'unanimité presque complète des auteurs, elle a résisté à toutes les attaques ; les cours d'appel aussi bien que la Cour de cassation ne prennent même plus la peine d'en discuter le principe. Jamais jurisprudence ne sembla mieux assise. Après les hésitations du début, elle s'est affirmée avec une netteté et une précision remarquables. C'est une lutte véritable entre la jurisprudence et la doctrine. Décidée désormais à appliquer sa théorie avec ses conséquences les plus rigoureuses, notre jurisprudence se départit de la modération et de l'égalité d'humeur qui devraient être l'apanage de la justice pour lancer des paroles de menace et d'impuissante colère.

« Il faut triompher des résistances du débiteur, force doit rester à la loi ; à tout prix, il faut venir à bout d'un débiteur récalcitrant. »

Le but poursuivi est louable, et on ne peut que féliciter nos tribunaux de leurs excellentes intentions. Certes il est excellent que les conventions soient exécutées ; il est très bon qu'un débiteur ne puisse pas impunément se jouer des contrats qu'il a passés. Dès lors, puisque le résultat obtenu est des meilleurs, qu'importe le choix des moyens ? ainsi sans doute raisonnent nos tribunaux. Animés du désir de voir les conventions exécutées, pour favoriser les négociations, ils n'ont pas hésité à se faire

législateurs ; car, on peut bien le dire, jamais théorie
ne fut plus insoutenable. Nous espérons pouvoir démontrer dans le cours de cette étude qu'il n'est pas un
point qui ne prête le flanc à la critique ; et cependant
la théorie tient et s'étend tous les jours.

Y a-t-il donc une lacune dans la loi et l'utilité d'une
réforme se fait-elle sentir pour que tant de magistrats
éclairés n'aient pas un instant dévié du chemin qu'ils
s'étaient tracé, pour que tous aient admis les conséquences les plus extrêmes de la théorie ?

A-t-on dû céder devant une de ces impérieuses nécessités pratiques, que sont impuissantes à enrayer
les lois établies et qui les emportent avec elles.

C'est ce que nous examinerons et si cette nécessité
existe aujourd'hui il serait peut-être bon de se demander comment d'autres législations ont résolu la difficulté.

Nous étudierons donc sommairement le droit romain ;
à Rome existe le grand principe des condamnations pécuniaires, nous verrons comment de bonne heure magistrats et jurisconsultes ont tourné le principe ; nous
étudierons le caractère absolutoire des actions, puis la
formule arbitraire et le *juramentum in litem*. Nous no-
terons dès le début la différence qui sépare le juge français du magistrat romain ; nous expliquerons que la
désobéissance aux ordres de la justice était considérée
comme un délit. Cette étude formera l'objet de notre
chapitre premier.

Nous avions d'abord pensé à faire suivre l'étude du droit romain d'un aperçu sur notre ancienne jurisprudence. Après de longues réflexions, nous avons cru que les développements gagneraient en clarté et en précision à être renvoyés au moment où nous nous occuperions de certains caractères des astreintes, caractères qui semblent avoir une origine assez lointaine dans notre ancien droit. Les pratiques dont nous voulons parler ne se rattachent que fort indirectement aux astreintes ; leur étude sera plus facile, lorsque les astreintes seront mieux connues.

Dans notre deuxième chapitre nous étudierons le Code civil. La condamnation dans notre droit, doit toujours, autant que possible, porter sur l'objet même du contrat. Mais il est des cas où l'on peut se heurter à une impossibilité ; c'est par exemple en matière d'obligation de donner, le débiteur qui cache la chose à livrer ; c'est surtout en matière d'obligation de faire, dont l'accomplissement exige l'action personnelle du débiteur, comme l'obligation de faire un tableau, et d'obligation de ne pas faire dont l'inexécution ne produit pas une chose de nature à être détruite, comme l'obligation de ne pas faire tel voyage.

L'article 1142 dit « toute obligation de faire ou de ne pas faire se résout en dommages-intérêts ». Il faudra rechercher l'application exacte de cet article, son origine ; les tempéraments apportés par l'article 1143 et par l'article 1144 (Section I).

La défense qu'implique l'article 1142 dans certaines hypothèses d'exercer une contrainte personnelle sur le débiteur par application de l'adage *nemo præcise potest cogi ad factum* a porté les tribunaux à prononcer des condamnations pécuniaires exagérées pour vaincre indirectement la résistance opposée à leurs jugements. Ces dommages-intérêts prononcés à titre de menace ou de peine par le juge civil sont des astreintes. Nous expliquerons le but poursuivi par l'astreinte ; nous ferons voir son utilité. Nous aurons à rechercher en quoi ces astreintes diffèrent des dommages-intérêts proprement dits.

On verra que la jurisprudence a parfois distingué entre le retard dans l'exécution et le refus d'exécution.

Il sera très intéressant de suivre l'évolution de cette théorie à partir du commencement de ce siècle ; nos tribunaux en ont fait des applicatoins pour certaines classes d'obligations, les obligations légales ; les solutions données en matière d'abandon du domicile conjugal, et de garde des enfants au cas de divorce ou de séparation de corps, feront l'objet de notre examen.

Toutes ces questions seront étudiées dans notre section II° ; dans une III° section nous traiterons de l'illégalité de ces astreintes : elles sont contraires au principe de l'autorité de la chose jugée en tant que comminatoires. Nous rattacherons à ce point l'étude des anciens jugements comminatoires de Bretagne.

Il est interdit aux juges de statuer par voie générale et réglementaire (art. 5 du Code civil). Nous dirons quelques mots des anciennes pratiques de notre ancien droit à cet égard.

Notre critique portera encore sur d'autres points :

L'astreinte est une peine ; or, pas de peines sans textes ; il est interdit aux tribunaux civils de prononcer des amendes de cette nature.

La peine serait arbitraire. Mais peut-on justifier dans une certaine mesure la jurisprudence ? On a dit qu'il n'y avait la plupart du temps qu'une condamnation conditionnelle, nous réfuterons ce système.

On a encore dit que le préjudice était la plupart du temps plus grand que la somme allouée par les tribunaux. Nous essaierons de démontrer que ce système renferme une forte part d'exagération.

Nous repousserons également les théories proposées par MM. Aubry et Rau, et celle proposée par M. Meynial ; elles nous paraissent contraires aux principes. Ces matières seront traitées dans notre section IV.

Dans une V$^e$ et dernière section, nous verrons comment la jurisprudence belge a résolu la question ; après de longues hésitations, elle semble aujourd'hui être à peu près revenue aux vrais principes. Enfin, nous traiterons en appendice du préjudice moral, et nous nous demanderons si vraiment il y a une lacune dans la loi, et s'il est nécessaire de faire appel au législateur ?

# CHAPITRE PREMIER



### § 1. — **Les magistrats romains et nos juges actuels.**

Il existe actuellement chez nous un principe immuable et incontesté, qui est comme la base même de nos institutions, c'est le grand principe de la séparation des pouvoirs. Nous avons voulu que les fonctions du pouvoir exécutif, législatif et judiciaire fussent nettement séparées et nous avons créé entre elles une barrière infranchissable. Ce n'est pas ici le lieu de discuter les avantages ou les inconvénients d'un pareil système ; toutes les législations modernes ont admis le principe, mais cette théorie était à peu près inconnue des romains.

Il nous semble indispensable, avant d'examiner les solutions du droit romain sur les points que nous avons énumérés dans notre introduction, de donner quelques détails rapides sur l'organisation même de la magistrature romaine.

Une chose nous frappe tout d'abord : le pouvoir énorme du magistrat. Ce n'est plus, comme en France, un juge chargé uniquement d'appliquer la loi telle qu'elle existe. Le préteur romain commandait aux

armées, rendait la justice et participait par ses édits à
la puissance législative. Deux phases divisaient l'instance : une première phase se passait devant le magistrat chargé d'examiner *à priori* les conséquences juridiques des faits allégués par les plaideurs ; une seconde
phase devant le juge ou juré qui vérifiait les alléga-
tions des parties et appliquait les principes énoncés par
le magistrat. Ce dernier était ainsi débarrassé de la
partie la plus longue et la plus fastidieuse du procès : la
vérification du point de fait. Il pouvait dès lors embrasser bien plus de contestations et les affaires même les
plus minimes ne lui demeuraient pas étrangères. Le
métier de jurisconsulte demandait beaucoup de savoir
et d'érudition.

Le juge qui s'occupait uniquement de l'étude des
faits n'avait besoin pour bien remplir sa mission que
d'un esprit juste et droit.

Le magistrat était ainsi très bien placé pour apercevoir les vices de la législation et y porter remède. « Il
était assez près des faits pour ne pas se fourvoyer dans
les voies hasardeuses des théories purement spécula-
tives, et d'un autre côté, comme il avait à s'occuper des
conséquences juridiques des faits allégués par les plaideurs, et ne se fatiguait point à des enquêtes sur le fait,
il conservait ainsi toute la vigueur nécessaire pour embrasser d'un esprit vaste et puissant les résultats généraux que lui offrait la pratique des affaires. C'est à la
juridiction prétorienne que le droit romain est rede-

vable de ce haut degré de perfection qui n'a jamais été dépassé.

Bien qu'elle choque nos idées modernes sur la subordination du pouvoir judiciaire au pouvoir législatif, cette action des magistrats romains sur la législation ne pouvait qu'être favorable au perfectionnement général du droit » (1).

Le magistrat avait donc toute latitude pour combler les lacunes du droit civil, en adoucir les rigueurs. Il ne touchait pas aux principes fondamentaux du droit, mais par des détours, par des procédés qu'il créait, il obtenait le résultat désiré. Rien de semblable chez nous. Sans doute la Cour de cassation se trouve dans une situation à peu près analogue à celle du préteur romain, mais par suite de nos principes constitutionnels sur la séparation des pouvoirs, elle ne peut exercer aucune influence directe sur l'amélioration de la législation.

Qu'il nous soit permis de revenir un peu en arrière et de voir ce qu'aurait pu être cette Cour pour le perfectionnement des lois. Dans toute question, il est bon de remonter aux sources et d'envisager d'un coup d'œil général chaque institution. On en aperçoit mieux les défauts et les imperfections : il est regrettable que notre Cour de cassation qui renferme tant d'expérience et de savoir soit réduite à un rôle aussi effacé ; pourtant

(1) Bonjean, *Traité des actions*, t. I.

l'Assemblée nationale et la Constituante avaient très bien aperçu tout le parti qu'on pouvait tirer de cette Cour suprême.

« Chaque année le tribunal de cassation sera tenu d'envoyer à l'assemblée du Corps législatif une députation de huit de ses membres, qui lui présenteront l'état des jugements rendus, à côté de chacun desquels sera la notice abrégée de l'affaire et le texte de loi qui aura décidé la cassation » (1).

Et plus tard (2) :

« Le tribunal de cassation enverra chaque année au gouvernement une députation pour lui indiquer les points sur lesquels l'expérience lui aura fait connaître les vices ou l'insuffisance de la législation. »

Cette disposition fut exécutée en l'an IX (3). Elle est malheureusement complètement tombée aujourd'hui en désuétude.

Nous avons quelque peu insisté sur les différences qui séparaient les magistrats romains de nos magistrats actuels. Le rôle des uns et des autres est absolument différent. Les premiers pouvaient employer pour perfectionner ou corriger le droit civil des procédés parfaitement légaux. Ils n'avaient pas à craindre de subir le reproche de se faire législateurs, car ils puisaient dans

______

(1) Article 24 de la loi du 27 novembre-1er décembre 1790, titre 3, chapitre V, article 22 de la Constitution du 3 septembre 1791 ; article 257 de l'acte constitutionnel du 5 fructidor an III.

(2) Loi 27 ventôse an VIII, article 86.

(3) V. *Moniteur* du 18 nivôse.

leurs fonctions mêmes le droit de légiférer. Nos magistrats au contraire sont de simples juges ; ils sont seulement chargés d'appliquer la loi ; leur rôle se borne à
constater un vice ou une lacune sans pouvoir y remédier
ou la combler. S'ils oublient un instant qu'ils ne sont
établis que pour appliquer la loi telle qu'elle est, bonne
ou mauvaise, s'ils se laissent aller au moindre écart,
immédiatement leurs décisions deviennent entachées
d'excès de pouvoir. C'est en vain qu'ils s'apercevront
des imperfections ou des vices d'une loi ; ils devront se
montrer impassibles devant les inconvénients qui se
montrent chaque jour dans son application. Ainsi le
veut le grand principe de la séparation des pouvoirs ;
il n'y a pas de concessions possibles à ce principe. La
mission du juge est complètement séparée de celle du
législateur. On comprend dès lors quel abîme sépare
nos institutions judiciaires des institutions romaines.

A Rome le nombre des magistrats était fort limité ;
ces fonctions étaient confiées à des hommes d'un talent
et d'un savoir éprouvés. L'unité existait ainsi dans l'application de la loi. Le préteur, en entrant en charge,
disait comment il jugerait, comment il interpréterait
tel texte ou tel autre qui pouvait faire difficulté ; bien
des procès étaient ainsi évités.

Au contraire en France la grande quantité de juges
rend impossible cette unité ; l'obscurité ou l'ambiguïté d'une loi donne naissance à des opinions diverses, à des systèmes opposés ; on trouve à chaque ins=

tant des jugements contradictoires ; l'indécision plane
sur les décisions des tribunaux, les droits demeurent
incertains. Pourtant la loi est là qui devrait être fixe
et immuable ; malheureusement cette loi est l'œuvre
des hommes, souvent imparfaite. Comment un juge
pourra-t-il se reconnaître au milieu d'une multitude de
textes épars ? Il faudrait avoir des capacités remarquables, être en un mot un véritable jurisconsulte pour pouvoir débrouiller le chaos de certaines lois. Puis les textes
torturés, pressurés, font dire au législateur des choses
qu'il n'avait même pas prévues. Les meilleurs esprits se
trouvent divisés sur l'interprétation d'un texte législatif. Toutefois une jurisprudence s'établit parfois d'une
façon uniforme ; on dit alors qu'elle est établie, qu'elle
est constante. C'est comme la loi vivante, mise en action. Si les juges ont cru sincèrement appliquer la loi
existante, ce qui est leur devoir, on ne peut les blâmer;
mais il est également du devoir des jurisconsultes, s'il
apparaît nettement que les juges se sont trompés, de
faire tous leurs efforts pour faire revenir les tribunaux
sur une décision qui manifestement est illégale. Nous
verrons plus tard qu'un dissentiment profond existe
justement à propos des astreintes entre la doctrine et
la jurisprudence. La doctrine accuse formellement la
jurisprudence d'avoir fait la loi ; c'est là une très grave
accusation ; jusqu'à présent les tribunaux ne paraissent
pas s'en être autrement émus ; toutefois si ce reproche
était véritablement fondé, et si néanmoins la jurispru-

dence persistait dans une voie que les plus grands jurisconsultes déclarent illicite, elle mériterait les plus gra-
ves reproches, et il n'est pas de nécessité pratique, si
impérieuse qu'elle fût, qui pourrait l'excuser.

### § 2. — La réparation du préjudice. Les amendes privées.

Parmi les institutions qui devaient attirer de bonne
heure l'attention du magistrat romain, la règle des condamnations pécuniaires devait être au premier rang.
La condamnation est toujours pécuniaire même dans
les actions réelles, comme la revendication ; le demandeur obtient seulement une indemnité en argent. Sous
la procédure formulaire la solution est certaine ; la *litis
contestatio* éteint le droit déduit en justice et le remplace
par un autre droit qui est toujours un droit personnel
ou de créance ; la solution est très contestée sous les
actions de la loi. Il est clair que le but auquel devrait
tendre toute législation est de procurer à la personne
dont le droit a été violé, l'objet même de sa réclamation, à moins que ce résultat soit impossible. Mais
nous pensons, avec certains auteurs (1), qu'on n'arrive
pas du premier coup à cette conception. Le premier
sentiment en face d'un droit méconnu est celui de la
vengeance, la loi règle cette vengeance. Un progrès s'o-
père, au lieu des violences et voies de fait, on substitue
la réparation pécuniaire. Puis l'on s'aperçoit enfin que

(1) Petit, p. 622, édit. 1895.

l'argent n'est pas l'équivalent de toutes choses et par un dernier perfectionnement le demandeur obtient enfin une condamnation en nature et l'objet même de sa réclamation ; ce changement ne s'opérera que sous la procédure extraordinaire.

Malgré le caractère pécuniaire de la condamnation, et peut-être même à cause de ce caractère, magistrats et jurisconsultes frappés des inconvénients multiples du système essayent par tous les moyens de tourner le principe. Néanmoins il demeurera debout, durant des siècles, tant était grand à Rome le respect des pratiques et des traditions établies.

Le principe même de la réparation pécuniaire comprenait deux éléments :

1° Le dommage causé au créancier, ce qui comprenait non seulement le dommage direct, mais aussi le dommage indirect, pourvu qu'il fût une suite nécessaire de l'inexécution de l'obligation ;

2° Le gain que le créancier aurait pu retirer de la créance s'il avait été payé, et dont il a été privé (1).

Les commentateurs appellent ces deux éléments *damnum emergens et lucrum cessans*. C'est au juge qu'il appartient, en principe, de déterminer le montant des dommages-intérêts ; son pouvoir varie suivant la bonne ou la mauvaise foi du débiteur, et suivant la nature de l'action exercée par le créancier.

_______________

(1) Loi 13 pr. D. *rat. rem.*, XLVI, 8 ; L. unic. C. *de sentent.*, VII, 47.

En général, les dommages-intérêts avaient donc un caractère réparateur, mais le droit civil lui-même avait institué certaines actions dont le but tendait à enrichir le demandeur, qui obtenait une somme d'argent, une véritable amende, à titre de peine ; une semblable action était appelée action pénale. L'action pouvait tendre à la fois à réparer le préjudice et à obtenir une amende, elle était dite mixte (1).

Les actions *in rem* sont toujours données *rei persequendae causâ*, et il en est de même en général des actions *in personam* nées des contrats et des quasi-contrats, sauf quelques-unes qui sont mixtes parce qu'elles croissent au double en cas de dénégation du défendeur ; telles sont : l'action *depensi*, l'action *judicati*, l'action de dépôt nécessaire, l'action *ex testamento*, s'il s'agit d'un legs *per damnationem*.

Ces actions pénales et mixtes sont une particularité du droit romain.

Dans les civilisations primitives, la société se désintéresse de la répression des délits commis contre les particuliers ; elle leur laisse le soin de tirer vengeance eux-mêmes des atteintes portées contre leur personne ou contre leurs biens. Les délits ont véritablement un caractère privé ; les personnes qui en sont les victimes essaieront par tous les moyens de se venger, soit par la violence, soit par l'incendie ou le pillage ou tous autres

_________

(1) Gaius, IV, § 6.

procédés. La vendetta existe encore actuellement en Corse. Mais avec les progrès de la civilisation, on ne tarde pas à s'apercevoir des inconvénients d'un pareil système. Personne n'est bon juge en sa propre cause ; il n'était pas rare que la vengeance fût hors de proportion avec le délit ; pour éviter les désordres et les troubles sociaux, on prit l'habitude de transiger ; la victime renonçait à sa vengeance moyennant le paiement d'une certaine somme.

Plus tard la loi s'empara du procédé et fixa elle-même la somme à payer ; elle pouvait être du double, du triple, du quadruple de la valeur de l'objet. Sont au double certaines actions pénales, telles que l'action *furti nec manifesti*, et un grand nombre d'actions mixtes, dont les unes sont toujours au double, les autres croissent au double en cas de dénégation du défendeur. Les principales actions au quadruple étaient l'action *furti manifesti*, *vi bonorum raptorum* et *quod metus causá*. Certaines actions pénales sont au simple, comme l'action *injuriarum*. Une personne victime d'un délit avait souvent le choix entre plusieurs actions ; ainsi par exemple, le vol (*furtum*) engendre quatre actions dont trois sont persécutoires de la chose et la quatrième est pénale. Les actions persécutoires de la chose sont l'action en revendication, la *condictio furtiva* et l'action *ad exhibendum*, l'action pénale est l'action *furti*.

Les avantages de ces différentes actions peuvent-ils être cumulés ? L'équité exige qu'on ne puisse réclamer deux fois la même chose en justice. Si donc on a obtenu la chose par la *rei vindicatio*, l'action *vi bonorum rupto-rum* ne fera obtenir que le triple.

Nous n'entrerons pas plus avant dans cet ordre d'i-dées, mais ces quelques explications étaient nécessaires pour montrer la différence très sensible qui sépare no-tre droit du droit romain.

Chez nous, la victime d'un délit n'obtient jamais que la réparation du préjudice causé ; nous ne connaissons pas d'amendes privées. On peut, il est vrai, trouver dans notre Code une disposition isolée, l'article 1302 du Code civil, qui dans tous les cas fait supporter au voleur la responsabilité de la perte de la chose ; il devra toujours la restitution du prix. Il y a là sans doute une trace de la *pœna privata*, mais ce texte est une dérogation à la règle qui ne permet pas que l'amende profite à la partie lésée.

La société a créé des lois protectrices de l'ordre et de la sécurité ; elle a considéré que leur infraction por-tait une atteinte considérable aux bases sur lesquelles elle repose et qui sont les conditions mêmes de son existence.

Il est de toute nécessité que les individus se soumet-tent à ses lois ; elle ne peut se désintéresser des délits privés, qui semblent au premier abord ne l'atteindre que de très loin ; car au-dessus de l'intérêt particulier lésé, au-dessus de l'atteinte contre les biens ou la per-sonne privée, il y a l'intérêt supérieur de l'ordre public, intérêt plus respectable encore que l'intérêt particulier. C'est une lutte engagée entre la société et un de ses membres, il faut que la société triomphe ; c'est pour elle une question de vie ou de mort.

A Rome, au contraire, les amendes ou peines privées formaient le droit commun en matière de délits. On remarque, par exemple au cas d' « injures », quelques particularités très curieuses. L'injure au sens du droit romain signifie à peu près affront, outrage, offense ; elle peut être constituée par des paroles, par des écrits ou par des voies de fait; l'injure peut être simple ou atroce; au cas d'injure atroce, le magistrat fixera lui-même l'indemnité que le juge devra accorder ; au cas d'injure simple, c'est la partie elle-même qui fixera la somme sous serment, somme que le juge, d'ailleurs, pourra réduire. Quant au point de savoir si une injure est simple ou atroce, c'est une question que le magistrat appréciera ; il tiendra compte souvent de la qualité de la personne injuriée ou de la gravité de l'injure.

Les amendes privées se rencontrent aussi quoique plus rarement en matière de contrats.

Nous avons déjà parlé des actions qui croissent au double en cas de dénégation du défendeur.

Le simple est accordé à titre de réparation du préjudice, le surplus constitue la peine. A raison sans doute du caractère particulièrement grave de ces actions, on avait estimé que la réparation du dommage calculée sur les bases ordinaires était insuffisante. on voulait punir le plaideur téméraire.

Cette menace du double invitait le débiteur à réfléchir avant de contredire un droit ou de commencer un procès.

Quelquefois on faisait impression sur le débiteur par d'autres procédés; dans certaines actions l'infamie était encourue de plein droit; c'était dans l'action de dol; dans les actions directes de fiducie, de dépôt, de tutelle, et de mandat, dans l'action *pro socio*. L'infamie, qui résultait en général des condamnations criminelles et de certaines condamnations civiles impliquant le dol ou la mauvaise foi du défendeur, portait une grave atteinte à la considération dont il jouissait.

L'infamie était très redoutée à Rome, elle privait celui qui la subissait de beaucoup de ses droits : notamment du droit de vote et d'accès aux fonctions publiques. L'individu noté d'infamie était incapable de parler en justice pour lui et pour autrui et d'exercer les actions ouvertes à tous et appelées populaires.

Il ne pouvait contracter mariage avec les sénateurs et leurs enfants; l'infamie durait jusqu'à la mort à moins que les effets n'en fussent effacés par une décision du sénat ou de l'empereur.

Dans certaines actions, les plaideurs stipulaient des *sponsiones* et *restipulationes* ; c'était en matière de *pactum de constituta pecunia* et de *condictio certa rei* ; la somme promise était de la moitié de l'intérêt litigieux dans le constitut, du tiers dans la *condictio certae pecuniae*.

On le voit, l'usage des amendes civiles était fort répandu. Il existe au Digeste une certaine loi d'Ulpien (1) de laquelle il paraît résulter que le magistrat lui-même puisait dans ses attributions le pouvoir de sanctionner ses décisions par une amende.

« Omnibus magistratibus, non tamen duumviris, secundum jus potestatis suae concessum est juridictionem suam defendere pœnali judicio.

Is videtur jus dicenti non obtemperasse, qui quod extremum in juridictione est non fecit : veluti si quis rem mobilem vindicari a se passus non est, sed duci eam, vel ferri passus est : cæterum si sequentia recusavit, tunc non obtemperasse videtur...

Hoc judicium non ad quod interest, sed quanti ea res est, concluditur, et cum meram pœnam contineat neque post annum, neque in heredem datum. »

L'action qui était donnée pour sanctionner ces décisions durait un an ; on ne l'accordait pas contre l'héritier.

Elle avait donc un caractère pénal ; le magistrat considérait la résistance opposée à ses ordres, et le mépris qu'on semblait y attacher ; il infligeait une amende proportionnée à cette résistance.

Cette amende était forcément arbitraire, le magistrat l'établissait sans contrôle à titre pénal.

_______

(1) Loi 1<sup>re</sup>, livre III, titre III, *Si quis jus dicendi non obtemperaverit.* V. Cujas, t. 7, p. 211, *Schullingii, notæ ad digesta seu pandectes*, t. 1, p. 260.

La loi 5 au Code *de modo mulctarum* dit que cette amende était versée au fisc.

Mais Cujas et d'autres auteurs pensent qu'elle appartenait moitié au fisc, moitié au demandeur. De nos jours certains tribunaux se sont appuyés sur ces lois pour justifier le caractère de peine des astreintes, nous réservons la question.

Nous n'avons pas à nous étonner de cette façon d'agir des magistrats romains ; leurs attributions étaient très étendues, et ils pouvaient sans violer la loi sanctionner leurs décisions par une amende. Les Romains considéraient l'inexécution d'un contrat comme un délit pouvant entraîner une peine privée. L'idée de peine a pénétré la théorie des dommages-intérêts à Rome, comme nous le verrons, quand nous nous occuperons du *juramentum in litem*.

Au cas de dol la partie se trouvait momentanément investie par une délégation de pouvoirs des fonctions d'arbitre dans sa propre cause. En pareil cas, le créancier ne manquait pas de tenir compte de la valeur d'affection qu'il attachait à la chose litigieuse. Cette somme représentant un intérêt d'affection était considérée comme une peine, et au cas de *juramentum in litem* la condamnation dans la mesure où elle excédait la valeur réelle de la prestation était envisagée comme telle et soumise à ce titre à quelques règles spéciales (60, § 1. (35.2) 73. (46.1).

Brinz (1) soutient même que toute lésion d'intérêt d'affection donnait exclusivement lieu à une action pénale, avec tous les caractères de celle-ci et notamment l'intransmissibilité passive. Nous partageons l'avis de M. Chausse (2) et nous croyons qu'aucun texte ne permet d'arriver à une semblable solution.

Quoi qu'il en soit, nous retenons pour un fait certain que la peine civile était une institution romaine. Il existe en Belgique toute une série d'arrêts qui constamment s'appuient sur cette loi romaine pour justifier le caractère pénal des astreintes. Nous réfuterons cette théorie, lorsque nous étudierons la jurisprudence de ce pays.

Ainsi, les dommages accordés étaient souvent supérieurs au préjudice réellement souffert.

Le créancier trouvait ainsi une compensation à l'impossibilité d'obtenir l'exécution en nature, par suite de l'effet extinctif de la *litis contestatio.*

Cependant le résultat obtenu n'était pas absolument satisfaisant; bien souvent le créancier aurait préféré avoir la chose elle-même qu'une indemnité même supérieure à la valeur de celle-ci.

D'un autre côté, peut-être le débiteur mieux renseigné ne se fût-il pas obstiné ; il fallait lui laisser le temps de la réflexion. Un premier pas fut fait dans ce sens par la création des actions résolutoires.

(1) *Pandectes,* II, p. 955.
(2) *Revue critique,* année 1895, intérêt d'affection.

### § 3. — Des actions absolutoires et des actions arbitraires.

La *litis contestatio*, qui clôt la première partie de la procédure et coïncide avec la délivrance de la formule, fixe les éléments du procès ; c'est à ce moment que le juge doit se placer pour examiner la prétention du demandeur et déterminer s'il y a lieu le montant de la condamnation (1).

Il peut arriver que depuis la *litis contestatio* et avant la sentence, le défendeur ait fourni satisfaction au demandeur dont la prétention lui semble justifiée. Dira-t-on qu'il est trop tard et que la *litis contestatio* a produit son effet ? Une controverse s'était élevée ici entre les Sabiniens et les Proculiens. Ces derniers décidaient en appliquant rigoureusement le principe qu'au moins en présence d'une action de droit strict, le juge devait condamner ; ils ne permettaient au juge d'absoudre que si l'action était de bonne foi, il juge alors selon l'équité ou *in rem,* parce qu'il ne peut alors condamner que si le défendeur ne restitue pas. Les Sabiniens pensaient au contraire que même dans les actions de droit strict, on devait absoudre le défendeur qui aurait satisfait à la demande, ce qu'ils exprimaient par cette maxime *omnia judicia absolutoria esse* (2).

Cette opinion plus équitable prévalut.

Même après la *litis contestatio*, le défendeur est tenu

(1) Loi 20. D.,*de rei vind.*,VI,1, L. 31 pr.Dig. *de rebus creditis,* XII, I.
(2) Gaius, IV, § 114.

d'une obligation naturelle ; le demandeur ne peut plus lui demander l'exécution en nature, mais le défendeur pourra encore la lui offrir.

Donc faire briller aux yeux du défendeur les avantages qui résultent pour lui de l'exécution de l'obligation, lui donner jusqu'au dernier moment pour s'exécuter, voilà le but poursuivi. Malheureusement, pour être absous, il devait se conformer exactement aux prétentions de son adversaire, et celui-ci même de très bonne foi pouvait exagérer ses prétentions. Il y avait un remède, il est vrai, dans la *plus petitio*. Le demandeur, si sa demande était reconnue exagérée, était débouté et perdait son procès. C'était une garantie sérieuse de modération. Les avantages retirés par la partie défenderesse étaient d'autant plus considérables que la condamnation était plus exagérée.

On ne retrouve pas cependant le caractère absolutoire dans les actions pénales proprement dites, ni dans les actions qui croissent au double en cas de dénégation.

Cette particularité provient sans doute de ce que la somme qui dépasse le taux de la réparation a exclusivement le caractère d'une peine (1). Elle est encourue, dès que le droit a été contesté.

Certaines actions entraînent l'infamie ; le débiteur jusqu'à la sentence pourra éviter le déshonneur qui

______

(1) Institutes, IV, 6, § 26.

allait l'atteindre. Il sait très bien à quoi il va s'exposer s'il succombe ; il sera souvent de son intérêt d'exécuter en nature son obligation ; la *litis contestatio* opérée doit lui donner l'éveil ; s'il persiste dans son obstination, la condamnation qui n'était encore qu'à l'état de menace va définitivement s'appesantir sur sa tête.

On tournait de cette façon la plupart du temps le principe des condamnations pécuniaires. Un progrès sensible se réalisa par la création des actions arbitraires.

Lorsque l'*intentio* du demandeur était vérifiée, le juge ne pouvait faire autrement que de condamner le défendeur. L'inconvénient d'un pareil système était facile à apercevoir ; il péchait par un excès de rigueur, en interdisant à un débiteur malheureux, mais de bonne foi, de pouvoir s'exécuter en nature dès que le juge avait vérifié le bien fondé de l'*intentio* du demandeur. En matière d'actions réelles surtout, le titulaire du droit qui ne récupérait pas l'objet même de sa réclamation était également fondé à se plaindre qu'on n'eût fait aucune tentative près du débiteur pour l'amener à s'exécuter. Les deux parties pouvaient donc avoir un égal intérêt à ce qu'un examen attentif du moins fût fait par le juge avant de prononcer la sentence de condamnation.

Déjà sous la procédure *per sponsionem*, la *sponsio* n'était que préjudicielle et comminatoire dans les actions réelles et n'aboutissait à la sentence en argent qu'envers le défendeur qui ne s'exécutait pas de son plein gré.

Avec la *formula petitoria* et les actions arbitraires, la condamnation du défendeur, au lieu d'être soumise à cette simple condition, *si paret*, doit être subordonnée au refus du défendeur de fournir satisfaction au demandeur. Le magistrat en délivrant la formule y insère cette clause *nisi restituat, non exhibeat, nisi solvat, nisi ex noxali causa servum dedat* (1).

Cette clause arbitraire donne en effet le pouvoir au juge de rendre un interlocutoire préalable, qui fixe impérativement ou sous la forme d'une simple faculté la satisfaction à fournir pour échapper à la condamnation. Cet interlocutoire s'appelle *arbitrium* (2) ; il opérait comme menace. N'était-ce qu'une alternative laissée au choix du débiteur, qui pouvait opter entre l'exécution de l'*arbitrium* et la condamnation, ou le juge pouvait-il faire dans certains cas que l'*arbitrium* fût exécuté ? Ce point est controversé. Certains pensent que la *manus militaris* ne pouvait jamais être employée ; ils disent que le *juramentum in litem* eût été dès lors complètement inutile (3).

Mais alors un *prædo* resterait maître après l'expira-

_______

(1) Institutes, livre IV, t. VI, *De actionibus*, § 31.

(2) Cf. Didier-Pailhé, p. 435, t. 2, édit. 1887; Ruben de Couder, p. 740.

(3) Petit, p. 650,

tion des interdits possessoires de garder la chose ou la terre qu'il a prise contre le gré du propriétaire ! On objecte, il est vrai, que sa résistance sera châtiée par une peine pécuniaire très forte ; sans doute, mais s'il est insolvable, que deviendra la sentence ? Faudra-t-il vendre l'objet réclamé pour indemniser le réclamant ?

D'autres auteurs pensent au contraire que la *manus militaris* pouvait être employée dans les cas où il s'agissait simplement de lever un obstacle de fait, par exemple de faire passer la possession qui est un état de fait, du défendeur au demandeur. S'il s'agit d'un acte juridique qui exige la volonté du débiteur, la *manus* ne peut être employée ; on ne voit pas comment on aurait pu arriver à l'exécution d'un *arbitrium* portant sur une translation de propriété, ou dans les actions *quod metus causa, de dolo, de eo quod certo loco*. Le demandeur n'aurait dans ces cas d'autres ressources que le *juramentum in litem*.

La condamnation est toujours *incerta* dans la formule, le juge en fixe le montant parfois d'après sa propre appréciation, le plus souvent d'après le *juramentum in litem* du demandeur ; et cette condamnation intervient dans les cas où le *jussus judicis* n'a pas été exécuté volontairement ou par force, c'est-à-dire dans trois cas : 1° quand le demandeur n'a pas requis l'emploi de la *manus militaris* ou que l'exécution forcée est impossible ; 2° quand le défendeur s'est mis par son dol ou sa faute dans l'impossibilité de restituer ; 3° quand la restitution n'est pas complète, et qu'il faut la parfaire au moyen d'une indemnité. On distingue pour le montant de la condamnation, suivant que le défendeur est ou non coupable de dol.

Le défendeur n'a-t-il aucun dol à se reprocher, il sera condamné à la juste valeur de la chose d'après l'estimation qu'en fera le juge ; est-ce au contraire par dol que le *reus* s'est mis dans l'impossibilité de restituer, il sera condamné à la réparation pécuniaire que fixera le demandeur sous la foi du serment ; le demandeur est censé avoir vendu la chose au défendeur pour la somme par lui fixée (1).

Si le débiteur exécute le *jussus*, il aura donc maints avantages ; il évitera souvent de cette façon les rigueurs d'une condamnation excessive.

Notamment pour les actions *doli* et *quod metus*, le défendeur avait grand intérêt à s'exécuter. Il évitait ainsi la peine de l'infamie attachée à l'action de dol, et celle du quadruple du préjudice causé au cas d'action *quod metus*.

On peut s'étonner que la peine du *juramentum* fût si grave, puisque le demandeur jurait de ne pas exagérer sa demande. Mais n'arrivera-t-il pas souvent que le demandeur de très bonne foi attribuera à la chose une valeur excessive ; le juge avait, il est vrai, un pouvoir de *taxatio*, mais il n'en usait que rarement (L.V, § 1 et 2,

_______

(1) L. 5, D. *De in lit. jur.*, 12. 3.

D. *De in lit. jur.*, XII, 3) de sorte que le *juramentum* avait vraiment le caractère d'une peine ; le demandeur, comme nous l'avons dit, ne manquait pas de tenir compte de la valeur d'affection qu'il attribuait à sa chose, et il pouvait y attacher une valeur d'affection très grande, d'autant plus grande même qu'il s'en trouvait privé. Du reste, alors même que le juge fixait lui-même le montant de la condamnation, la résistance opposée à ses décisions contribuait dans une grande mesure à lui faire apprécier très largement le préjudice souffert.

Sous la procédure extraordinaire, la formule a disparu ; et la division de l'instance en deux phases a cessé d'exister. La condamnation à cette époque peut porter sur la chose même. La mission de faire exécuter de pareilles décisions est confiée depuis Théodose à des agents spéciaux appelés *apparitores* (1).

Même sous cette procédure, le caractère essentiel de l'action arbitraire n'a pas disparu, et le juge y rend toujours un *arbitrium* avant la sentence.

Toutes les actions n'étaient pas arbitraires ; l'utilité de celles-ci se faisait surtout sentir pour les actions réelles ; c'est pourquoi toutes les actions *in rem*, tant civiles que prétoriennes, sont arbitraires quand elles s'intentent par la formule pétitoire. Parmi les actions *in personam*, on en trouve qui sont arbitraires. Justi-

(1) L. 25, C. Th. *quor. appel.*, XI, 36.

nien signale 4 espèces d'actions arbitraires, ce sont les actions *de eo quod certo loco, ad exhibendum, quod metus causa,* et *de dolo* (Inst. L. IV, t. VI, *De actionibus*, § 31).

Il paraît certain que l'*arbitrium* et la *bona fides* ne s'excluent pas réciproquement ; une action peut être à la fois arbitraire et de bonne foi. La question s'élève notamment à l'occasion des actions de bonne foi qui poursuivent une restitution, telles que les actions directes de commodat, de dépôt et de gage. Or, aucun texte n'empêche le magistrat de les rendre arbitraires. Il y en a même qui l'autorisent (1).

Le droit romain était donc arrivé à assurer la plupart du temps l'exécution en nature des obligations. Il avait trouvé pour se corriger lui-même des moyens indirects, jusqu'au jour où la condamnation dut porter sur l'objet même du litige. Il créa d'abord les actions absolutoires pour donner au débiteur le temps de la réflexion, puis les actions arbitraires avec le *juramentum in litem* et la *manus militaris.*

La division de l'instance en deux parties (*jus* et *judicium*) permettait au magistrat de mieux voir les défauts de la législation et d'y apporter, grâce à son autorité, de nombreux perfectionnements.

On pourrait se demander le motif pour lequel nous avons jusqu'à présent omis de parler de certaines obli-

___

(1) Gaius, IV, 47, L. 9, D. *de præscriptis verbis*, 19-5. L. 7, § 1, D. *de fundo dotali*, 23-5. L. 4, C. *de rerum permutatione*, 4-64.

gations qui jouent cependant un rôle si important dans notre droit, et pour lesquelles justement notre jurisprudence a imaginé la théorie des astreintes ; nous voulons parler des obligations de faire et de ne pas faire.

Cette classification n'est mentionnée qu'à propos de la division des obligations en divisibles ou indivisibles, *certae* ou *incertae*. Il est probable qu'au début, la stipulation ne pouvait avoir pour objet que des sommes d'argent ou des choses parfaitement déterminées.

On ne sentit que plus tard l'utilité de stipuler un fait ou une abstention. On y parvint d'abord indirectement en stipulant à titre de dommages-intérêts, une somme d'argent déterminée, sous la condition que le promettant n'exécuterait pas le fait convenu. Le stipulant pouvait alors en cas d'inexécution du fait, réclamer la somme par la *condictio certi*. On n'a plus besoin de ce détour à l'époque classique ; on stipule directement le fait luimême, et la stipulation est sanctionnée par la *condictio incerti*.

Cependant on conserva l'habitude d'y joindre une clause pénale, grâce à laquelle les parties fixaient ellesmêmes l'indemnité due par le débiteur (1). Le demandeur n'avait pas alors à prouver qu'un dommage lui avait été causé, ni le montant de ce dommage. On évitait ainsi l'arbitraire de la part du juge.

---

(1) 1, § 7, D. *de verborum obligationibus*, III, 15.

Le fait était-il à Rome *in facultate* ou *in obligatione* ?

Les romanistes Vinnius, Cujas, Donneau, soutinrent durant tout notre ancien droit que le fait était seulement *in facultate*, c'est-à-dire que le débiteur pouvait, quoique débiteur d'une somme d'argent, se libérer en prestant le fait promis ; avant la *litis contestatio* le créancier devait se contenter du paiement de la valeur du fait promis, il ne pouvait réclamer que cette valeur en justice.

Après la *litis contestatio*, et en vertu de la novation qu'elle opère, la *facultas* du débiteur disparaissait et pour se soustraire à la condamnation, il ne lui suffisait plus de prester le fait promis ; la règle *omnia judicia absolutoria esse* ne pouvait procurer cette faculté au débiteur.

Dumoulin s'efforçait de démontrer que le fait lui-même est *in obligatione*. Ces décisions eurent pour résultat de rendre incertaine la véritable doctrine de notre ancien droit, et cette incertitude, a, comme nous le verrons, subsisté jusqu'à nos jours.

La distinction des obligations en obligations de donner et de faire ou ne pas faire est capitale dans notre droit. Nous avons vu que les magistrats romains, pour tourner le principe de la condamnation pécuniaire, avaient trouvé des moyens très ingénieux. L'exagération du préjudice causé était attachée à certaines actions comme celles qui croissent au double « *adversus infitiantem* », ou celles données au quadruple, comme l'action de dol. D'autres fois, la pression indirecte opérée sur le défendeur pour le pousser à exécuter en nature, était d'une autre sorte ; le caractère d'infamie était attaché à la condamnation ; on s'en prenait ici non plus à la fortune mais à l'honneur et à la considération du débiteur. Le magistrat lui-même fixait parfois une amende pour désobéissance à ses ordres.

Mais notre distinction en obligations de donner et de faire ou ne pas faire est absolument au second plan. La règle des condamnations pécuniaires occupe uniquement l'attention des magistrats. C'est déjà beaucoup d'y avoir apporté des tempéraments aussi considérables que ceux que nous avons étudiés ; on s'occupa surtout des cas où la règle semblait être le plus gênante en pratique, c'est-à-dire des droits réels. Les tempéraments apportés se présentent donc sous l'aspect de faveurs accordées à celui qui exécutera en nature ; il évite ainsi les rigueurs d'une condamnation que la loi ou le préteur a faite particulièrement sévère.

Les moyens employés sont absolument légaux.

La question ne se présentait pas, à Rome, comme chez nous ; elle avait un caractère beaucoup plus général, à cause du caractère pécuniaire de la condamnation. Nous allons voir que, dans notre droit, la question a un champ d'application beaucoup plus restreint.

# CHAPITRE  II

## CODE  CIVIL.

SECTION I. — Étude des articles **1142, 1143, 1144.**

**§ 1. — Art. 1142. — Son application exacte. — Ses origines.**

Avant d'aborder directement l'étude des astreintes, nous devons nous rendre un compte exact des circonstances dans lesquelles la jurisprudence a eu recours à cette pratique, et pour cela il nous est indispensable de préciser le sens de l'article 1142 ainsi conçu :

« Toute obligation de faire ou de ne pas faire se résout en dommages et intérêts, en cas d'inexécution de la part du débiteur. »

Rien de plus clair et de plus catégorique que ces quelques lignes, et l'on est bien tenté, en lisant le texte, de le considérer comme l'expression exacte d'une vérité.

« C'est une loi de nature autant qu'un précepte juridique (1). »

« Lorsque l'obligation consiste à faire une chose, le parti pris par le débiteur de ne pas la faire oppose une force d'inertie invincible (2). »

(1) Arntz, liv. 3, p. 32, n° 58.
(2) Larombière, *Obligations*, I, p. 131.

Il semble bien tout d'abord qu'aucune force humaine ne peut contraindre un individu à faire ce qu'il ne veut pas faire. La puissance de la loi vient se briser contre la volonté de l'homme. C'est un peintre qui a promis d'exécuter un tableau et qui refuse d'exécuter sa promesse, un artiste qui a promis de jouer sur un théâtre et qui ne joue point. Mais ce ne sont pas là les seules obligations de faire. La notion de l'obligation de faire est plus complexe et s'étend à bien d'autres cas; il ne faudrait pas croire que la seule ressource du créancier soit de demander toujours et uniquement des dommages et intérêts.

Voici comment M. Bigot de Préameneu interprétait l'article dans son exposé des motifs :

« Le motif de l'article 1142 est que nul ne peut être contraint dans sa personne à faire ou ne pas faire une chose, et que si cela était possible, ce serait une violence qui ne peut pas être un mode d'exécution des contrats (1). »

Le texte de l'article 1142 ne doit donc pas être pris à la lettre ; le principe de la matière est contenu dans l'article 1134 :

« Les conventions légalement formées tiennent lieu de loi à ceux qui les ont faites. »

Il n'est pas admissible que le législateur se soit contredit à si peu de distance, ou du moins qu'il ait apporté

____

(1) Locré, t. 12, p. 329, n° 38; Fenet, t. 13, p. 232.

à la règle qu'il venait de formuler une exception qui la détruirait en partie. Il serait illogique et injuste que le créancier d'un fait ou d'une abstention n'ait jamais le droit que d'obtenir des dommages-intérêts pécuniaires contre le débiteur.

Les articles 1143 et 1144 viennent tempérer ce que le principe contenu en l'article 1142 a d'excessif. Ils nous font voir que l'exécution directe est la règle pour toutes espèces d'obligations, qu'elles aient pour objet une dation ou un fait. La règle ne reçoit d'exception que s'il y a impossibilité de poursuivre l'exécution ; cette impossibilité se rencontre plus fréquemment dans les obligations de faire, à cause du respect dû à la liberté du débiteur.

Comment se fait-il que le législateur ait si mal rendu sa pensée ? C'est qu'il s'est reporté tout simplement à un adage qu'il avait trouvé dans l'ancien droit ; mais cet adage avait vieilli et on l'avait conservé uniquement comme une façon brève et facile d'exprimer une idée, comme un symbole dont tout le monde connaissait les défauts et les imperfections. Le Code l'a reproduit tel quel, et il a dû le reproduire avec le sens qu'il était d'usage de lui donner.

L'article 1142 signifie simplement que si un acte personnel du débiteur est indispensable pour qu'une obligation puisse être exécutée en nature, le créancier ne peut pas en cas de résistance du débiteur obtenir l'exécution *manu militari*, et qu'il doit se contenter d'une exécution par équivalents. Telle était également la portée de la vieille maxime dont nous parlions, *nemo praecise potest cogi ad factum*, sur laquelle il est utile de fournir quelques explications.

Nos jurisconsultes du moyen âge avaient remarqué que l'obligation de donner se prêtait mieux que l'obligation de faire ou de ne pas faire à une exécution en nature ; les obligations de donner ont en effet pour objet une chose matériellement déterminée, une richesse déjà existante ; l'obligation de faire nécessite au contraire un acte de la part du débiteur.

De cette remarque nos jurisconsultes eurent le tort de déduire cette conséquence que la division des obligations de donner et de faire ou ne pas faire concordait exactement avec leur division en obligations exécutoires et non exécutoires *manu militari* « quando est in obligatione rem dari, quis præcise compellitur, in obligationibus autem facti, quis non præcise compellitur, sed liberatur solvendo interesse (1) ».

Vinnius le premier opéra une distinction entre les obligations de faire et déclara qu'il fallait déclarer exécutoires *manu militari* toutes les obligations de livrer.

« Fefellit eis quod putaverunt omnes obligationes faciendi esse ejusdem naturæ, factaque nuda et simplicia, seu quæ in meris faciendi finibus consistunt, qualia sunt exempli gratiæ Romam ire, tabulam pingere,

---

(1) Bartole, sur la loi 1, *De act. empti.*

insulam fieri, fossam fodere, similia esse iis quæ in rei
alicujus præstatione et juris possessionisve transla-
tione consistunt, quale est ejus qui tenetur ex causa
venditoris rem tradere (1). »

Il résulte du texte de Vinnius que l'exécution en nature doit être fournie au créancier quand il ne s'agit
pas d'un fait personnel au débiteur.

Plus tard, Pothier enseignera dans son traité du
louage que le locateur qui refuse de livrer la chose
louée, peut y être contraint *manu militari*. Il trouve
avec raison que la maxime *nemo præcise potest cogi ad
factum* ne peut s'appliquer ici. Il ne s'agit pas d'un fait
qui réclame pour son exécution un acte corporel du
débiteur (2) ; comme, par exemple, l'obligation contractée par une personne envers une autre d'entrer à
son service, de lui copier ses cahiers.

Comme on le voit, Pothier considérait la non-exécution en nature de l'obligation de faire comme une
exception et Bigot de Préameneu soutenait la même
thèse (3).

Les raisons données par cet éminent jurisconsulte sont
de deux ordres : tout d'abord certaines obligations de
faire nécessitent absolument le fait personnel du débiteur ; comment obliger un peintre à peindre un tableau,

(1) Vinnius, *Commentarii ad Institutiones.* Amsterdam, 1655, III,
t. 24, pr. al. 5 et suiv.
(2) Pothier, *Louage*, nᵒ 66, *Vente*, nᵒ 68.
(3) *Op. cit. suprà*, p. 39,

un artiste à jouer un rôle ? En second lieu, alors même
que la contrainte serait possible, on devrait s'abstenir
d'y recourir, car en violentant le défendeur, on mécon-
naîtrait la dignité humaine.

M. Baudry propose purement et simplement l'abro-
gation de l'article 1142. Il le trouve dangereux et inutile ; « dangereux, car, si on le prend à la lettre, il a une
portée incompatible avec le respect dû aux conventions;
quant à son esprit, dit le savant auteur, il est inutile,
car pratiquement, il se résume en cette constatation
que le créancier doit se contenter de dommages-intérêts quand il lui est impossible d'obtenir l'exécution en
nature, à quoi bon exprimer cette idée ? N'est-ce pas le
cas de toute obligation ?

En supposant par exemple que la chose, objet d'une
obligation de donner, soit si bien cachée par le débiteur
que le créancier ne puisse pas la découvrir, est-ce que
ce dernier ne devra pas dans ce cas aussi se contenter
de dommages-intérêts ? Dira-t-on qu'il fallait sauvegarder la liberté du débiteur en mettant sa personne à
l'abri de la violence pour le cas d'inexécution, mais
qui eût songé, quand l'obligation a pour objet un fait
personnel au débiteur, à contraindre celui-ci à l'exécution ? Peut-on par la force obliger un peintre à faire
un tableau, un acteur à débiter un rôle ? On aurait
pu être tenté, il est vrai, pour quelques très rares obligations de ne pas faire de procurer au créancier une
exécution directe en violentant la personne du débi-

teur. C'est, par exemple, ce qui aurait pu se produire dans le cas où un acteur aurait, au mépris de ses engagements, joué sur une certaine scène, mais cette exception, qui n'aurait eu, nous le répétons, qu'une portée pratique fort restreinte, eût-elle été vraiment regrettable? On est libre de ne pas s'obliger, mais lorsqu'on s'est obligé, est-on libre de ne pas tenir sa promesse?

En réalité, ce n'est pas violer la liberté du débiteur que de le rappeler, fût-ce *manu militari* au respect de ses engagements. »

Ce langage diffère sensiblement de celui tenu antérieurement par M. Baudry au tome II de son *Précis de droit civil* :

« Nous approuvons une décision que tous les auteurs critiquent et par laquelle le tribunal de la Seine a autorisé l'emploi de la force publique pour faire enlever un acteur qui persistait à jouer sur un théâtre en violation de l'engagement formel qu'il avait pris de n'y pas paraître. Ici le concours de la force publique devait, à notre avis, être prêté au créancier, parce qu'il pouvait lui procurer l'exécution directe de l'obligation. »

Il fallait donc se trouver en présence d'un obstacle de fait pour que l'exécution en nature ne fût pas admise.

« N'accorderait-on pas le secours de la force publique à l'acheteur d'une maison, non seulement pour lui permettre d'en prendre possession, si le vendeur refuse de la livrer, mais aussi pour jeter le vendeur à la porte,

(1) Baudry, *Traité des obligations*, sur art. 1142,

s'il s'obstine à ne pas vouloir sortir? Refuserait-on ce même concours à l'acheteur d'un objet mobilier pour forcer le vendeur qui le garde dans sa poche à le délivrer? Et cependant il faudra dans l'un et l'autre cas exercer une violence sur la personne du débiteur (1). »

On voit donc que ce n'est qu'à regret que l'auteur a transigé avec l'opinion qu'il avait d'abord soutenue. Il s'incline devant l'exposé des motifs qu'il avait méconnu, mais son plus grand désir serait de voir disparaître du Code cet article 1142 qui est un obstacle à la solution qu'il voudrait voir existante. Il ne semble pas que la jurisprudence ait jamais partagé sa première opinion. L'arrêt cité est devenu absolument légendaire et n'a pu être retrouvé nulle part.

Nous pensons que, devant les termes si précis de l'exposé des motifs, on ne peut admettre cette manière de voir.

La loi pourtant ne s'était pas toujours montrée d'une logique irréprochable à l'égard du principe contenu en l'article 1142; elle y avait apporté une dérogation considérable dans une matière fort importante, celle des livrets d'ouvriers.

Pour favoriser le commerce et l'industrie, et dans le but aussi, disait-on, de protéger les ouvriers contre leurs propres faiblesses ou leurs égarements, on avait décidé (2) que l'ouvrier ne pourrait quitter l'atelier ou

____

(1) Baudry, éd. 1889, p. 596.
(2) V. art. de M. Sauzet, *Rev. critiq.*, 1890, I. 57.

l'usine où il travaillait avant d'avoir satisfait à ses engagements vis-à-vis de son patron. L'obligation de faire qu'il avait contractée vis-à-vis de celui-ci ne pouvait se résoudre en dommages-intérêts au cas de refus par l'ouvrier de fournir le travail qu'il avait promis ; il devait le travail lui-même ; la violation de cette obligation était fort grave ; personne ne pouvait employer cet ouvrier, toutes les portes lui étaient fermées ; il n'avait plus qu'à mourir de faim ou à retourner à son usine, à son atelier où la vie était devenue intolérable pour lui. Une pareille théorie était-elle en harmonie avec les principes contenus dans l'article 1142 ? Il n'y a pas sans doute de violence exercée sur la personne physique du débiteur, mais il y a une atteinte à la liberté et à la dignité humaines.

Une loi relativement récente a soumis les ouvriers au droit commun.

Nous avons exposé quel était suivant nous le sens à donner à l'article 1142 (1). Ses termes sont trop généraux. Il ne contient pas une alternative dont le double objet serait soit le fait ou l'abstention promis, soit des dommages-intérêts. L'objet de l'obligation, son unique objet, c'est le fait que le débiteur a promis d'accomplir, dont il a promis de s'abstenir.

« L'obligation se résout », c'est-à-dire qu'elle se transforme ex *post facto* en dommages-intérêts.

______

(1) Demolombe, *C. civ.*, t. 24, § 488, p. 486 ; Ballot, *Revue de droit français et étranger*, 1848, p. 114 et suiv.

Le créancier ne peut toutefois demander que l'exécution même de l'obligation, et il ne peut conclure *de plano* à une condamnation pécuniaire en dommages-intérêts. Certes, après l'inexécution constatée, il a toujours la faculté de s'en tenir à ces dommages.

A ce point de vue d'excellents auteurs ont soutenu que l'article 1142 avait une portée générale (1).

Cette explication est insuffisante, car elle s'applique aussi bien aux obligations de donner qu'aux obligations de faire.

Nous en disons autant de cette autre faculté qui permet au créancier de demander, en vertu de l'article 1184, la résolution du contrat contre le débiteur qui ne satisfait point à ses engagements.

L'article 1142 ne déroge ni ne préjudicie aux dispositions de l'article 1184 (2). »

M. Larombière soutient, il est vrai, que le principe posé par l'article 1142 est un principe général ; les articles 1143 et 1144 seraient uniquement des applications du principe contenu en l'article 1142.

« L'autorisation de faire ou de défaire aux frais du débiteur n'a d'autre résultat que de remplacer une indemnité évaluée *à priori* à titre de dommages-intérêts par une autre indemnité plus exacte et déterminée *à posteriori* à titre de remboursements de

(1) V. Demante, t. V, n° 60.
(2) Larombière, t. I, art. 1142, n° 4.

salaires ou de dépenses (art. 1142, t. 1, n° 3) (1). »

Il est bien certain qu'il y a dans cette explication une part de vérité, et qu'il est impossible d'obtenir d'un individu qui s'y refuse la prestation d'un fait ; donc vis-à-vis de lui, il s'agira toujours de dommages-intérêts. Mais si l'on regarde du côté du créancier, que voyons-nous? Nous voyons qu'il a obtenu l'exécution réelle et en nature de l'obligation elle-même, telle qu'elle a été contractée. Les dommages-intérêts impliquent que l'obligation n'a pas été exécutée ; or ici elle l'a été. Au reste, c'est un peu une querelle de mots ; il suffit que l'on s'entende sur le fond même du débat ; or des controverses se sont produites.

Une première opinion distingue entre deux périodes: avant les poursuites exercées en justice, après les poursuites.

Avant ces poursuites, le débiteur ne fait pas des offres satisfactoires en offrant au créancier une somme d'argent représentative de l'indemnité qui pourrait être due. Après les poursuites, le créancier devrait se contenter de cette indemnité. Les frais faits après les offres du débiteur, plus tard reconnues suffisantes, seraient frustratoires, c'est-à-dire que le débiteur ne peut préve-

______

(1) Art. 1143. Néanmoins le créancier a le droit de demander que ce qui aurait été fait par contravention à l'engagement soit détruit; et il peut se faire autoriser à le détruire aux dépens du débiteur sans préjudice des dommages-intérêts s'il y a lieu.

Art. 1144. Le créancier peut aussi en cas d'inexécution être auto-risé à faire exécuter lui-même l'obligation aux dépens du débiteur.

nir la demande en justice, mais qu'il peut en arrêter le cours (1).

Une deuxième opinion (2) soutient que le créancier a droit en principe à l'exécution directe de l'obligation. Il peut demander en justice l'exécution directe et le débiteur doit offrir cette exécution pour que ses offres soient satisfactoires. Ce dernier ne pourrait même pas en offrant des dommages-intérêts arrêter le cours des poursuites engagées contre lui par le créancier. Pourquoi en effet accorder au débiteur après les poursuites une faculté qu'on lui refuse avant ?

Cette opinion nous paraît plus conforme aux textes et à la logique.

Nous venons de voir ce que le débiteur doit fournir au créancier ; quel est maintenant l'office du juge ? Peut-il condamner directement le débiteur à l'exécution ?

La Cour de cassation par arrêt du 26 juillet 1812 a cassé un jugement qui condamnait une partie à la prestation d'un pur fait, sans condamnation à des dommages-intérêts au cas d'inexécution (Dev. et Car., *Collect. nouv.*, 4.1.152, 1813.1.86).

Mais un arrêt du 22 février 1862 (3) a jugé en sens contraire, disant qu'il n'était pas besoin d'une condam-

____

(1) Duranton, t. X, p. 459 ; Larombière, t. I, art. 1142, n° 2 ; Zachariæ, Massé et Vergé, t. 3, p. 363 ; Dalloz, *Rec. alph.*,V° *Obligat.*, n° 709.

(2) Laurent, t. XVI, n° 201.

(3) S. 62.1.242, D. 62.1.185.

nation immédiate à des dommages-intérêts, qu'il suffisait de prononcer une condamnation subsidiaire à des dommages-intérêts, ou même d'ajouter simplement qu'il serait fait droit en cas d'inexécution (Demolombe, n° 491 ; Larombière, t. 1, p. 532, art. 1142, n° 3).

Nous nous rallions volontiers à cette opinion, du moins en ce qu'elle reconnaît aux juges le droit de condamner à la prestation du fait promis, même si c'est un fait personnel au débiteur.

Toutefois nous croyons qu'il serait nécessaire de distinguer entre le retard dans l'exécution et le refus catégorique d'exécuter. Au cas de refus, nous ne permettrions pas aux tribunaux de condamner à l'exécution. Il faut que les tribunaux tiennent compte de la volonté formellement exprimée du débiteur.

Si donc, dans ce cas, un tribunal condamnait néanmoins à l'exécution, il outrepasserait ses pouvoirs, et son jugement ne serait pas à l'abri de la cassation.

L'article 1142 dit que l'obligation se résout en dommages-intérêts. Se résoudrait-elle vraiment en dommages-intérêts, s'il était loisible à un tribunal de ne jamais tenir compte d'un refus catégorique du débiteur ?

On comprend qu'un créancier conserve jusqu'au dernier moment l'espoir que son débiteur reviendra à de meilleurs sentiments, et réclame l'exécution malgré le refus formel de celui-ci, mais le tribunal devra s'incliner devant la volonté du débiteur, et condamner à des dommages-intérêts. Le créancier agirait prudemment en réclamant subsidiairement ces dommages. Dans le cas de simple retard, nous croyons qu'une autre solution s'impose. Le juge peut très bien fixer un délai passé lequel il sera fait droit ; il ne serait peut-être même pas absolument indispensable que le juge, en condamnant à l'exécution, dans le dit délai, ajoute ces mots « passé lequel il sera fait droit ».

Il nous paraît évident qu'une telle conséquence découle logiquement du jugement, et ce serait faire preuve d'un formalisme vieilli que d'exiger une pareille mention.

Pour ce qui concerne la condamnation subsidiaire à des dommages-intérêts au cas d'inexécution, condamnation qui intervient pour l'avenir, et que les juges établissent avant l'inexécution accomplie, nous nous réservons d'en faire la critique, quand nous nous occuperons des dommages-intérêts pour l'avenir. A ce moment, nous traiterons également du refus et du retard d'une façon plus approfondie.

L'opinion que nous soutenons est loin d'adhérer tous les suffrages. Voici ce que dit M. Boileux sur cette question :

« Le jugement qui ordonnerait au débiteur de faire, sans prononcer en même temps une condamnation pécuniaire pour le cas d'inexécution, serait sujet à cassation. »

(1) Boileux, t. II, p. 508.

D'après cet auteur, il y aurait obligation pour le juge
de condamner immédiatement à des dommages-intérêts. Une pareille solution est exagérée ; puis il y aurait nécessité pour le juge de statuer pour l'avenir. Or,
nous ne croyons pas que le juge puisse statuer ainsi en
vue d'un dommage futur.

Pour MM. Aubry et Rau, la condamnation peut porter au gré du juge, s'il s'agit d'actes fongibles, soit sur
des dommages-intérêts, soit sur l'objet même de l'obligation ; elle ne peut porter que sur des dommages-intérêts, si l'acte n'est pas fongible (1).

Les savants auteurs sont partis de cette idée pour
émettre au sujet des astreintes une théorie que nous
aurons plus tard sujet d'étudier.

D'après un autre auteur, la condamnation ne peut
porter sur l'objet de l'obligation que si l'acte est imper-
sonnel, mais peut au gré du juge porter sur cet objet
ou des dommages-intérêts, si l'acte est personnel (2).

Le juge dans la catégorie d'obligations qui nous occupe rendrait « une condamnation alternative ». Cette
théorie ne nous satisfait point. Il faut faire de l'objet
de l'obligation le caractère principal et ne dire que
subsidiairement qu'il sera fait droit au cas d'inexécution.

Si l'obligation était vraiment alternative, le cas

(1) Aubry et Rau, t. IV, n<sup>os</sup> 38 et suiv.
(2) Meynial, *Revue pratique*, 1884, De la sanction civile des obligations de faire ou de ne pas faire, p. 365 et suiv.

fortuit ou la force majeure qui viendrait mettre obstacle à la prestation de l'acte, n'empêcherait pas les dommages-intérêts d'être dus. Ce qui serait absolument inique dans notre hypothèse.

D'après l'article 1142 expliqué d'après ses motifs, le législateur n'admet pas que dans les hypothèses que l'article prévoit, le débiteur puisse être contraint à l'exécution même de son obligation.

Il ne peut pas l'être directement par des moyens physiques de contrainte personnelle, qui ne répugneraient pas seulement à nos mœurs, en violant la liberté individuelle et la dignité humaine, mais qui seraient absolument impuissants à atteindre leur but.

Peut-il l'être indirectement par des condamnations pécuniaires dont le chiffre dépasserait les dommages-intérêts qui pourraient être dus au cas d'inexécution et auxquelles le débiteur ne pourrait se soustraire qu'en exécutant l'obligation ?

M. Demolombe répond par la négative : « décider qu'en cas d'inexécution l'obligation se résout, c'est bien reconnaître qu'elle se transforme, et qu'elle n'a plus désormais pour objet que des dommages-intérêts ; et décider qu'elle a désormais pour objet des dommages-intérêts, c'est bien reconnaître que le débiteur ne peut être condamné que dans les termes de l'article 1149 à indemniser le créancier de la perte qu'il a subie et du gain dont il a été privé. »

Ce raisonnement nous semble à l'abri de toute critique, à condition qu'il s'en tienne aux dispositions qu'on
s'accorde à reconnaître prévues par l'article 1142.

Pour les autres obligations de faire ou de ne pas faire,
il est certain que l'article 1142 n'est pas applicable.

Nous pensons que les tribunaux, même dans ces cas,
ne pourraient user de moyens indirects ; mais c'est uniquement parce que nos lois ne connaissent point les
dommages-intérêts à titre de menace ni de peine. Au
reste pour ces sortes d'obligations, comme nous le verrons, la *manus* est permise ; il ne faudrait pourtant
point tirer de là une sorte d'argument *a fortiori* pour
étendre la solution, et dire que la *manus militaris* étant
permise, les dommages-intérêts doivent l'être. Toutes
ces questions seront reprises ultérieurement, car certains auteurs ont voulu distinguer entre les deux catégories d'obligation de faire, et ont essayé de justifier
pour celles d'entre elles qui ne tombent pas sous le coup
de l'article 1142 la pratique des astreintes.

L'article 1142 n'embrasse pas toutes les hypothèses
où il faut se contenter des dommages-intérêts ; il omet
certaines obligations de donner, celles par exemple où
le débiteur cache la chose à livrer. Il a le tort également
d'avoir l'air d'embrasser toutes les obligations de faire.
Or, son motif est l'impossibilité d'arriver à l'exécution
au moyen d'une contrainte opérée sur la personne, soit
directement, soit indirectement. L'exécution sur les
biens est seule admise. C'est pourquoi l'obligation de

donner n'exigeant pas absolument l'intervention du débiteur peut être obtenue par la force, malgré son inaction ou malgré même sa résistance.

Nos anciens docteurs soutenaient le contraire (Vinnius, *Institutes de empti vendit. princip.*) ; c'est que sous notre ancien droit la tradition était nécessaire pour opérer le transport de propriété.

Mais cette thèse ne pourrait plus être soutenue aujourd'hui, et il est difficile de comprendre qu'elle ait été admise par la Cour de Bruxelles (7 janvier 1809 (1), S. 1810.2.532).

Il est vrai que l'article 1136 du Code civil ne paraît appliquer d'autre sanction que la peine des dommages-intérêts à l'obligation de livrer la chose. Mais cette interprétation serait fausse. La formule de l'article 1136 s'applique aussi à l'obligation de conserver la chose. D'ailleurs la peine des dommages-intérêts peut être encourue :

1° Lorsque le débiteur a détruit par sa faute ou par son fait le corps certain qui faisait l'objet de l'obligation ;

2° Lorsqu'il le cache si bien que le créancier ne sait où le chercher ;

3° Lorsqu'il est en retard de livrer, ayant été mis en

(1) Delvincourt, t. II, p. 527 ; Toullier, t. III, n° 64 ; Massé et Vergé, t. III, p. 363 ; Duranton, t. X, n°s 393 et 395 ; Aubry et Rau, t. III, p. 30 ; Demante, t. V, n° 53 ; Larombière, t. I, art. 1137, n°s 4 et 5 ; D. *Rec. alph.*, V° *Oblig.*, n° 677.

demeure de remplir son obligation. Mais toutes les fois qu'elle sera possible, le créancier devra obtenir la livraison de la chose.

Pour que l'obligation de faire puisse être obtenue par la force, il suffit qu'il n'y ait pas de violence à exercer contre la personne physique du débiteur.

Pothier enseigne dans son *Traité du louage* que le locataire a droit, quand le locateur refuse de lui livrer la chose louée, de se faire mettre en jouissance de celle-ci *manu militari*.

Prévoyant le cas où on lui objecterait la règle *nemo praecise potest cogi ad factum* il répond que cette maxime n'a d'application qu'à l'égard des obligations qui ont pour objet quelque acte corporel de la personne du débiteur.

Un arrêt de la Cour de Colmar (1) a décidé que la convention par laquelle l'une des parties promet à l'autre de mettre à sa disposition un certain local, produit non une obligation de faire, mais une obligation de donner.

Cette assertion est inexacte, car tout le monde reconnaît aujourd'hui que le louage ne crée jamais un droit réel au profit du preneur ; or l'obligation de donner est exactement celle de transférer la propriété ou un droit réel. Il n'était pas besoin de dire qu'il y avait

____

(1) Colmar, 8 mai 1845, S. 48. 2. 117.

obligation de donner, pour en ordonner l'exécution *manu militari* ; du moment que la chose qui faisait l'objet de la délivrance existait, on devait pouvoir l'obtenir par tous les moyens.

Il peut arriver que le débiteur oppose une résistance personnelle à l'exécution de l'obligation. Alors un jugement autorisera l'emploi de la *manus militaris* ; la violence ici est bien exercée contre la personne, mais ce n'est pas pour obtenir d'elle qu'elle fasse un acte : il n'y a pas là violation de la liberté individuelle. Il n'est pas permis à un individu de troubler l'ordre social ; s'il le trouble, et s'il résiste à la *manus militaris*, on l'écartera bien que propriétaire, comme on écarterait le premier venu qui voudrait s'opposer à l'exécution de l'obligation ; on forcera sa porte, s'il le faut, et s'il refuse de laisser pénétrer dans son domicile ; et la même solution s'impose qu'il s'agisse d'immeubles ou simplement de meubles. Il n'y a aucune raison de distinguer ; nous sommes donc bien convaincu que, si un vendeur d'objet mobilier refusait de le livrer, le tribunal devrait employer la force pour faire avoir le dit objet au créancier. Cet objet mobilier peut avoir une valeur considérable, le créancier peut y attacher encore une valeur d'affection ; il ne faut pas permettre à un débiteur de mauvaise foi de se jouer ainsi de ses engagements.

### § 2. — De l'interprétation des articles 1143 et 1144.

Nous avons reproduit plus haut ces deux articles ; la jurisprudence, par la façon dont elle a interprété l'article 1144 semble donner à l'article 1142 un certain caractère de généralité :

Il appartiendrait aux magistrats de n'allouer au créancier que des dommages-intérêts pécuniaires, même dans le cas où l'obligation de faire étant de nature à pouvoir être exécutée par un autre que par le débiteur, le créancier conclut à ce mode d'exécution.

Y a-t-il donc obligation pour le juge de faire droit aux prétentions du demandeur quand il réclame l'exécution aux termes des articles 1143 et 1144, ou bien n'est-ce pour lui qu'une simple faculté ?

Trois opinions ont été présentées.

La première opinion est la plus radicale : les juges, alors même que le créancier aurait conclu à ce que l'autorisation lui fût accordée, soit en vertu de l'article 1143, soit en vertu de l'article 1144, sans conclure même subsidiairement à une condamnation en dommages-intérêts ; les juges, dit-on en vertu de l'article 1142 n'en peuvent pas moins *toujours* adopter le mode d'indemnité qui leur paraît le plus juste et le plus favorable à l'intérêt des parties, et condamner en conséquence le débiteur au paiement d'une indemnité pécuniaire.

Cette théorie est enseignée par M. Larombière, elle découle naturellement de l'interprétation générale donnée par l'auteur à l'article 1142.

Une deuxième opinion distingue entre les obligations de faire et de ne pas faire. S'agit-il d'une obligation de faire, les juges ont un pouvoir discrétionnaire (1).

Mais au contraire s'il s'agit d'une obligation de ne pas faire, la jurisprudence et quelques auteurs ne reconnaissent plus au juge cette faculté discrétionnaire (2) d'appréciation et disent que lorsqu'il est possible de détruire ce qui a été fait en contravention à une pareille obligation, le créancier doit s'il le demande être autorisé à faire opérer cette destruction aux frais du débiteur, et ce sans préjudice des dommages-intérêts qui pourraient être dus.

M. Demolombe professe une troisième opinion. Jamais le juge n'aurait de faculté discrétionnaire.

L'éminent jurisconsulte cite à l'appui de sa thèse les paroles mêmes prononcées par M. Favard, dans son rapport au Tribunat :

« Cependant, il a fallu laisser au créancier le droit de faire détruire aux dépens du débiteur ce qu'il aurait fait ou fait faire en contravention du contrat : le projet le porte.

---

(1) Comp. Cass., 20 décembre 1820, S. 21.1.428 ; Lyon, 29 avril 1853, S. 53.2.347 ; Cass., 55.1.640 (mêmes parties) ; Lyon, 14 juin 1860, S. 61.2.163.

(2) Comp. Aubry et Rau, t. III, p. 29 ; Massé et Vergé, t. III, p. 363, D. *Rec. alph.*, V° *Obligations*, n° 718,

Il a fallu aussi, *et pour la même raison* laisser au
créancier le droit de faire exécuter lui-même l'obligation aux dépens du débiteur (1). »

M. Demolombe suppose d'ailleurs ces points cons-
tants : 1° le débiteur n'a aucun motif légitime de refus
ni d'empêchement (art. 1146 et suiv.) ; 2° il est possible
de détruire ce que le débiteur a fait en contravention de
son obligation, ou d'exécuter ce qu'il refuse de faire ;
3° l'intérêt d'un tiers n'est pas engagé.

La jurisprudence, pour distinguer entre les obligations
de faire et de ne pas faire, argumente de la différence de
rédaction des articles 1143 et 1144.

L'article 1143 débute en effet par ces mots :

« Néanmoins le créancier a le droit de demander, etc.

Au contraire l'article 1144 s'exprime ainsi :

« Le créancier peut aussi.....

Donc, dit-on, c'est que, dans le premier cas, il y a
obligation pour le juge ; dans le second, simple faculté.

Ce n'est pas ainsi que nous interprétons cet article 1144.

L'article 1143 dit bien au début « le créancier a le
droits ; mais lisons l'article en entier ; il est dit au second paragraphe : « le créancier peut se faire autoriser. »

L'article 1144 a le tort de ne pas reproduire la première tournure de phrase de l'article 1143 ; la rédaction alors aurait été à peu près la suivante :

______

(1) Locré, *Législ. civ.*, t. XII, p. 433. Comp. Pothier, n° 158 ; Toullier, t. III, n° 218 ; Duranton, t. X, n° 460 ; Demante et Colmet de
Santerre, t. V, n°s 60 et 60 *bis*, 1 et 2.

« Le créancier a le droit, en cas d'inexécution, de demander à faire exécuter lui-même l'obligation aux dépens du débiteur.

Il reproduit seulement le deuxième membre de phrase « il peut aussi ».

Le législateur indique évidemment par ces mots, que, pour le surplus, il s'est référé à l'esprit contenu dans l'article précédent. La faculté dont parle l'article existe pour le créancier, non pour le juge. Certes, la rédaction est vicieuse ; mais peut-on admettre que le législateur, s'il voulait établir une si grande différence entre les obligations de faire et de ne pas faire, n'en ait parlé nulle part.

Nous avons constaté la répugnance que le législateur éprouve à autoriser la destruction des travaux ou des ouvrages qui sont une fois faits, même lorsqu'ils ont été faits sans droits (art. 554 et 555).

S'il y avait vraiment une distinction à faire, elle devrait plutôt être admise à rebours de celle proposée par la jurisprudence ; la faculté discrétionnaire serait accordée aux juges pour les obligations de ne pas faire. Mais la loi ne fait aucune distinction. Les principes généraux conduisent d'ailleurs à cette théorie : d'après l'article 1134 du Code civil, les conventions font les lois des parties ; donc l'exécution en nature doit être la règle pour toute obligation. L'article 1142 ne crée pas une règle spéciale pour toute obligation de faire ou de ne pas faire, comme le dit M. Larombière ; il établit

seulement pour certaines obligations de faire ou de ne
pas faire une exception à la règle générale. Les articles 1143 et 1144 viennent expliquer la portée de l'exception contenue en l'article 1142, en y apportant des
tempéraments.

On ne comprendrait pas pourquoi le refus d'un débiteur, obligerait le créancier à se contenter de dommages-intérêts, alors qu'il lui est possible d'ailleurs
d'obtenir satisfaction, sans le concours de ce débiteur.

### SECTION II. — **Les astreintes en jurisprudence.**

#### § 1. — **Des condamnations pour l'avenir.**

Le débiteur peut être condamné à des dommages-intérêts du chef d'inexécution de l'obligation contractée
ou du retard dans cette exécution (art. 1147).

Le dommage s'apprécie, à notre avis, après qu'il
s'est produit ; malheureusement les tribunaux ne s'en
sont pas tenus là ; ils déterminent d'avance le dommage en vue d'une inexécution ou d'un retard futur.

La doctrine tout entière approuve cette façon d'agir.
Cependant il nous est impossible d'admettre une pareille solution, et quoiqu'il puisse sembler téméraire
de protester contre une opinion de doctrine et de jurisprudence constante, nous croyons néanmoins qu'il est
de notre devoir, malgré tout le respect que nous avons

pour les théories de tant de magistrats et de jurisconsultes éminents, de soutenir ce que nous croyons être
le droit. Nous n'avons acquis cette conviction qu'après
de mûres réflexions ; nous la défendrons de notre
mieux, persuadés que nous sommes de sa justesse.

Nous touchons ici au point capital de notre sujet ; les
astreintes sont nées fatalement de l'habitude prise de
statuer à l'avance ; elles ont emprunté à ce procédé
leur caractère comminatoire, et nous devons reconnaître que les tribunaux ont fait preuve de logique et de
bon sens en admettant un pareil résultat.

Nous allons d'abord voir l'opinion en cours ; il faut
connaître ses ennemis pour les combattre ; Pothier pen-
sait déjà que les tribunaux pouvaient prononcer des
dommages-intérêts pour inexécution future d'une convention. Le débiteur ne fait pas ce qu'il est obligé de
faire, il est poursuivi en justice ; le juge, dit-il, peut lui
accorder un délai dans lequel il sera tenu d'exécuter son
obligation, et faute par lui de le faire, le condamner aux
dépens, dommages-intérêts. Le délai écoulé, si l'obligation est exécutée, le débiteur devra seulement les dépens, à moins que le juge n'estime qu'il soit dû des
dommages-intérêts pour le retard (1).

Les dommages-intérêts, pour retard peuvent-ils être
fixés à raison de tant par jour ?

L'affirmative, dit M. Laurent (2), est certaine « lors-

(1) Pothier, *Obligations*, n° 146.
(2) Laurent, t. XVI, n° 299.

que la somme que le débiteur doit payer par jour représente réellement le dommage que le créancier souffrira.

« Dans ce cas le jugement ne fait que déterminer
d'avance à quoi le débiteur sera tenu, s'il ne remplit
pas son obligation ; qu'il le fasse d'avance, ou qu'il le
fasse après que le débiteur aura manqué à son engagement, peu importe ; le jugement aura cet avantage que
le débiteur sait à quoi il s'expose en n'exécutant pas la
convention, ce qui peut le porter à l'exécuter. Nous en
trouvons un exemple dans l'arrêt de la Cour de Montpellier. Un boulanger vend sa boutique à un garçon
boulanger avec cette clause que le vendeur s'interdit
la faculté d'exercer pendant dix ans sa profession. La
vente était à peine conclue que le vendeur construit un
four et exerce la profession de fournier, c'est-à-dire met
au four le pain des particuliers. L'acheteur demande
la suppression du four et 10.000 francs de dommages-
intérêts.

« Il a été jugé que le vendeur ne s'était pas interdit le
droit de construire un four pour son usage, mais qu'il
ne pouvait pas s'en servir pour le public, pas plus comme fournier que comme boulanger. La Cour alloua
25 francs de dommages-intérêts pour le passé et au lieu
de condamner le défendeur à une somme fixe pour l'a-
venir en cas de violation du jugement, la Cour crut qu'il
valait mieux fixer une somme moindre par chaque jour
et pour chaque contravention à la clause du contrat.

Elle décida en conséquence qu'il paierait une somme de 10 francs toutes les fois qu'il contreviendrait à la prohibition à laquelle il s'était soumis (1). »

Nous croyons relever dans M. Laurent une contradiction. Car, au tome 1ᵉʳ de ses œuvres (2), il approuvait une décision de la Cour de Paris du 4 décembre 1841 (3). Voici l'espèce : il s'agissait de la vente d'un commerce de marchand de vins. Le vendeur s'était interdit d'exercer la même industrie. Il contrevient à son obligation. Un jugement du tribunal civil de la Seine le condamne à payer 3.000 francs d'indemnité, et lui fait défense de continuer le commerce sous peine de 500 fr. de dommages-intérêts pour chaque nouvelle contravention.

La Cour de Paris en ce qui touche la condamnation à 500 francs de dommages-intérêts éventuels pour le cas de contraventions à l'avenir, considérant qu'aucune condamnation ne peut être prononcée dans la prévision d'une contravention non encore existante, infirme, quant à ce... condamne à 1500 francs pour le passé.

C'était pourtant bien le même procès ; dans un cas il s'agissait d'un boulanger, dans l'autre d'un marchand de vins.

M. Demolombe (4) est d'avis que les juges peuvent con-

(1) Montpellier, 30 avril 1849, D. 49. 2. 126 : Comp. rejet, Cass., 26 juillet 1854, D. 54. 1. 297.
(2) Laurent, t. 1ᵉʳ, n° 265. Comp. avec t. XVI, n° 299.
(3) *Rép. gén.*, D. au mot *Jugement*, n° 159, p. 280.
(4) T. XXIV, n° 496, p. 494.

damner à des dommages-intérêts pour l'avenir. « Il y a
un droit futur éventuel, la réparation est évaluée d'a-
vance du dommage que chaque jour de retard pourra
effectivement causer au créancier. »

Même opinion aux *Pandectes françaises* (1).

Ainsi voilà un point bien établi en doctrine : on reconnaît au tribunal le droit de condamner à l'avance à
des dommages-intérêts, à condition que la somme que le
débiteur doit payer représente réellement le dommage
que le créancier souffrira.

Toutefois, d'après la presque unanimité des auteurs,
ce droit n'appartiendrait aux juges qu'en cas de simple
retard, et non devant un refus formel d'exécution de la
part du débiteur (2). N'oublions pas en effet que nous
raisonnons toujours sur les cas que prévoit l'article 1142.

La distinction se comprend très bien. Il ne faut pas
qu'un tribunal se montre trop rigoureux ; il peut tenir
compte des circonstances de la cause, de la bonne volonté du débiteur, et lui accorder un délai de grâce,
passé lequel il faudrait bien que l'obligation se résolve
en dommages-intérêts ; car il n'est pas du caractère
d'une obligation contractuelle de se perpétuer indéfiniment ; les droits ne doivent pas demeurer toujours en
suspens, et le juge appelé à statuer après l'expiration

---

(1) *Pandectes*, obligations sur l'art. 1142.
(2) V. Aubry et Rau, t. IV, p. 43, texte et note 17. Demolombe,
t. XXIV, n° 497.

du délai devra forcément prononcer des dommages-intérêts.

D'ailleurs le débiteur, si le retard lui est imputable, pourra être condamné de ce chef à une indemnité.

C'est cette indemnité qui est évaluée d'ordinaire par nos tribunaux à l'avance, et par jour de retard.

Au cas de refus, on dénie très généralement pareil pouvoir au juge (1). Une condamnation pour retard ne donnerait ici aucun résultat ; le débiteur a clairement manifesté son intention de ne pas exécuter son obligation.

On n'a pas à essayer de le faire revenir sur son refus, il a dû en mesurer à l'avance toutes les conséquences ; ce serait vouloir faire impression sur sa libre détermination que de le traiter simplement comme un débiteur en retard dans l'espoir qu'il reviendrait sur sa première décision. Le tribunal doit immédiatement statuer sur les dommages-intérêts. C'est en vain qu'on dirait que le débiteur a pu être mal informé, mal conseillé, qu'il faut lui donner le temps de la réflexion : notre réponse est la suivante : nous sommes en présence d'un refus d'exécution, la résolution de l'obligation en dommages-intérêts s'impose.

Sur ce point, la jurisprudence est assez incertaine. Il y a des arrêts dans les deux sens.

_______

(1) M. Bufnoir à son cours. *Contrà*, M. Massin, Thèse pour le doctorat, 1893. *De l'exécution forcée des obligations de faire ou de ne pas faire.*

Quelques-uns opèrent également une distinction entre
le refus et le simple retard (1) ; d'autres mettent le
retard et le refus sur la même ligne.

Au reste nous aurons plus tard occasion de revenir
sur cette question ; la jurisprudence, en effet, ne s'en
est pas tenue au caractère strictement réparateur des
dommages-intérêts. Parmi les arrêts que nous avons
cités, certains autorisent la contrainte indirecte dans
tous les cas, d'autres seulement au cas de simple retard.

Pour le moment, nous ne nous occupons que des
dommages-intérêts au sens de l'article 1149, c'est-à-
dire comprenant le *damnum emergens* et le *lucrum cessans*, et nous envisageons uniquement la condamnation
prononcée à l'avance à tant de dommages-intérêts par
jour de retard.

« Le jugement, dit-on, ne fait que déterminer à l'a-
vance ce à quoi le débiteur sera tenu s'il ne remplit pas
son obligation, et il importe peu qu'il le fasse avant ou
après que le débiteur aura manqué à ses engagements (2). »

Mais on lit aussi dans le même ouvrage :

« Il arrive que la condamnation pécuniaire prononcée
*in futurum* n'est ni en tout ni en partie la réparation
du dommage que souffrira le créancier, soit parce que,
à raison de circonstances exceptionnelles, le retard ou

----

(1) Cass., 26 juillet 1854, S.35.1.33 ; Paris, 4 juillet 1865, S. 65.2.
233. — *Contra* : Cass., 25 mars 1857, S. 57.1.267 ; Cass., 8 novembre 1864, S. 65.1.318.

(2) V. *Pandectes belges*, V° *Dommages-intérêts*, n° 175.

l'inexécution n'entraîne aucun préjudice ; soit ce qui est plus fréquent que le juge dépasse la mesure du dommage éprouvé et que se préoccupant avant tout de la résistance prévue du débiteur, il sanctionne ses ordres par une condamnation pécuniaire en vue d'amener plus efficacement l'exécution de l'obligation principale (1). »

C'est une contradiction. Car reconnaître aux tribunaux le droit de condamner pour l'avenir à condition que la somme accordée représente réellement le dommage éprouvé, et puis après avouer qu'il arrive que cette condamnation pécuniaire future n'est ni en tout ni en partie la réparation du dommage, attendu que le préjudice peut ne pas exister, c'est, croyons-nous, repousser de façon très catégorique la condamnation *in futurum* après l'avoir précédemment admise.

Comment en effet le tribunal saura-t-il *à priori* si ces circonstances exceptionnelles dont on parle se rencontreront ou non. Il n'a pas que nous ne sachions, le don de régler ni même de prévoir l'avenir.

La circonstance exceptionnelle, jamais susceptible d'être prévue, pourra donc toujours se produire, et alors nous aurons un dommage éventuel non réalisé ; et malgré tout le jugement étant irrévocable, le débiteur devra néanmoins payer les dommages-intérêts accordés à l'avance, bien qu'en fait le préjudice n'existe pas.

Les tribunaux se sont rendus compte de la situation fâcheuse qui pourrait ainsi être créée au débiteur.

(1) V. *Pandectes belges*, V° *Astreinte*, p. 954, n° 2.

« On ne saurait attribuer le caractère de chose jugée
à la condamnation à une somme déterminée de dommages-intérêts par jour de retard, prononcée comme
sanction éventuelle de l'exécution d'un jugement. Les
dommages-intérêts ne sont pas encourus si l'inexécution du jugement ne provient ni du fait, ni de la mauvaise volonté de la partie condamnée (1). »

La jurisprudence s'était déjà prononcée en ce sens (2);
elle ne considère pas en général les dommages-intérêts
établis d'avance comme prononcés à titre définitif.

La doctrine refuse de suivre la jurisprudence sur ce
terrain.

M. Dalloz cependant a proposé une distinction. Pour
lui, la condamnation prononcée à l'avance n'est pas
irrévocable, lorsque le juge a prononcé des dommages-
intérêts par chaque jour de retard, d'office, et sans que
les conclusions aient été prises à cet égard par les parties ; mais lorsque c'est après un débat contradictoire
que le tribunal s'est prononcé, la condamnation est définitive ; le juge, en effet, a été dans ce cas à même d'apprécier la situation des parties, la moralité de la résistance, et le préjudice souffert ; les effets de la chose

_____________

(1) Douai, 5 déc. 1849, D. 50.2.66 et ce qui est dit en tête de l'arrêt.

(2) Req., 28 déc. 1824, D. 25.1.41 ; Rejet, 7 août 1826, D. 26.1.441 ;
2 déc. 1828, D. 29.1.47 ; 10 juin 1832, *Jurisp. gén.*, 2e édit., V° *Chose
jugée*, n° 387 ; 11 mars et 4 juin 1834, D. 34.1.148 et 273 ; Req.,
22 nov. 1841, D. 42.1.29. *Contrà* : rejet, 30 mai 1843, *Jurisp. gén.*,
V^is *Chose jugée*, n° 391, *Jugement*, n^os 194 et s., 201 et s.

jugée doivent être attachés à la décision. C est là, dit cet auteur, l'esprit qui transpire de l'arrêt des chambres des requêtes du 22 novembre 1841, rendu sous la présidence du savant M. Lasagni, arrêt dans lequel on rappelle la distinction des lois romaines en lois *ordinatoriæ* et *decisoriæ judicis* (1).

Nous ne voyons pas la raison de distinguer entre les condamnations rendues d'office et les autres.

Si le juge manquait d'éléments pour statuer d'office, il devait surseoir à son jugement.

Pour nous, le juge manque toujours d'éléments pour statuer sur l'avenir ; comme la condamnation est irrévocable, s'il condamne à l'avance, il arrivera que sa décision constituera un « mal jugé », ce qui n'est pas un mince reproche.

L'article 1147 est du reste un précieux argument pour la thèse que nous soutenons ; ne dit-il pas que des dommages-intérêts ne sont pas dus quand le retard ou l'inexécution proviennent d'une cause étrangère au débiteur (2) ?

Comment savoir dès le début s'il y aura mauvaise volonté, faute du débiteur ou bien dol ?

Pourtant c'est une chose essentielle à connaître, le dommage se réparant de façon différente au cas de simple faute ou au cas de dol (art. 1150, 1151).

Certains partisans des condamnations *in futurum*

(1) Req., 22 nov. 1841, D. 42.1.29, *Rép.*, V° *Jugement*, n° 194.
(2) V. *Code annoté de Gilbert*, 1351, n°s 13 à 22.

sentent bien les défauts de leur théorie ; obligés de reconnaître que la juste appréciation du dommage est impossible à l'avance, ils essayent encore de maintenir leur décision en disant que le tribunal arbitre les dommages-intérêts par une sorte de forfait (1).

« Cette évaluation, dit-on, n'est pas DIRECTEMENT contraire au principe de l'article 1149 du Code civil d'après lequel les dommages-intérêts sont la représentation du préjudice que souffre le créancier, car nous supposons au contraire que le juge cherchera à évaluer AUTANT QUE POSSIBLE le préjudice à venir. On ne saurait admettre une évaluation provisoire et comminatoire (2). »

Cette façon de comprendre la question nous paraît renfermer une erreur certaine. On ne réclame pas seulement aux juges une appréciation plus ou moins approximative des dommages-intérêts ; il ne suffit pas qu'ils aient fait tous leurs efforts pour apprécier « autant que possible » le préjudice à venir. Leur mission est plus haute, ils doivent apprécier les dommages-intérêts tels qu'ils sont et non tels qu'ils peuvent être.

Nous ne comprenons pas du tout ce forfait dont on nous parle. Qu'un architecte, qu'un entrepreneur, qu'un ouvrier exécutent un travail à forfait, rien de plus facile à comprendre. Ils ont calculé à peu près les dépenses que le travail pourrait leur occasionner, puis ont

(1) Cass. Belgique, 15 mars 1883, S. 83.4.23 ; Garsonnet, t. III, p. 452, § 528.

(2) *Pandectes françaises*, sur art. 1142.

estimé le bénéfice qu'ils devaient réaliser ; ils ont pu se tromper dans leur appréciation, tant pis pour eux. Il y a dans ce travail à forfait un aléa, une incertitude. Sans doute l'architecte, l'entrepreneur auront essayé *autant que possible* eux aussi de tenir compte d'une foule de circonstances qui pourraient influer sur le marché qu'ils ont entrepris ; mais s'ils commettent une erreur, ils en sont seuls responsables.

Ce que nous ne pouvons admettre, c'est qu'un juge traite de cette sorte les dommages qu'il accorde à l'avance, et tienne le raisonnement suivant : « les dommages-intérêts peuvent, si telles circonstances se présentent, être un peu plus élevés ; ils peuvent au contraire, dans tels autres cas être moins grands, prenons un juste milieu. »

Ceci n'est plus de la justice, et si les tribunaux ne condamnaient ainsi qu'à des « à peu près », leur prestige serait fortement ébranlé. Il ne faut point de demi-mesures ; on connaît le dommage ou on ne le connaît pas ; si on le connaît, qu'on ne parle pas de forfait ; si on ne le connaît pas, qu'on ne condamne pas encore ; on éviterait ainsi des dommages qui nous apparaissent comme une sorte de cote mal taillée, en opposition flagrante avec l'article 1149.

Car la partie des dommages qui ne vaudra pas comme préjudice, comme quoi vaudra-t-elle ? Elle sera sans cause et constituera un mal jugé. On admet bien que le jugement peut être révisé, s'il y a cas fortuit ou force majeure ; pourquoi ne l'admet-on pas si le préjudice et la faute ne sont pas ceux que le premier juge avait prévus ?

Il est bien certain que le juge statuant pour l'avenir ne peut que prévoir le dommage ; mais prévoir un dommage, n'est pas le connaître ; car la prévision peut fort bien ne pas se réaliser.

C'est pourtant sur cette probabilité de dommages absolument éventuelle qu'est basée la condamnation ; et la fiction contenue dans le jugement consiste à réputer existant un préjudice qui n'est que probable.

On a cherché, il est vrai, à esquiver le reproche d'avoir statué sur un préjudice que l'on ne connaissait pas encore, étant donné qu'il peut varier au moins quant à sa réparation, avec le degré de faute du débiteur, en disant que l'on a statué en vue d'une certaine faute, qui serait par exemple, la plus grave possible ; le jugement serait alors conditionnel ; la condition serait celle-ci « si la faute la plus grave existe (1) ».

On ne sait pas encore si cette faute existera ; si elle existe la condamnation prononcée sera irrévocable ; si au contraire elle n'existe pas, on peut revenir sur la décision rendue qui est non avenue, la condition à laquelle elle était soumise ne s'étant pas réalisée.

On espère par ce système parer au reproche de violation de chose jugée qu'on adresse en général aux décisions comminatoires.

(1) V. Meynial, *op. cit.*, p. 465.

Mais reconnaître qu'un tribunal a statué « si une faute, la faute la plus grave se réalise », c'est avouer qu'il a statué sans avoir dès à présent les éléments de calcul ; il a décidé pour l'avenir que si telle faute se produisait, tel dommage serait encouru. Il a disposé par voie d'ordre général et réglementaire, contrairement au principe contenu dans l'article 5 du Code civil.

La plupart des auteurs, relativement à ce reproche de violation de l'article 5, opèrent des distinctions, comme nous le verrons par la suite ; mais le reproche dont il s'agit s'adressant aux condamnations qui statuent pour l'avenir, que ce soit à titre de dommages-intérêts, ou à titre de peine, nous réservons la discussion de la question pour le moment où nous nous occuperons des astreintes.

Nous croyons que les partisans du système des condamnations à venir se sont laissés égarer par des considérations qui auraient dû rester en dehors du débat.

La plupart des auteurs qui admettent la condamnation à tant par jour, au moins pour un retard limité, se sont laissé tromper par une apparence de vérité.

Les dommages-intérêts ainsi prononcés à l'avance, seront à déduire sur les dommages-intérêts à prononcer, et dans cette deuxième opération on tiendra naturellement compte du degré de faute ou du préjudice pour abaisser ou ramener à de justes proportions la condamnation primitive, sans en avoir l'air. Bien que, dans l'esprit des partisans de la doctrine que nous combattons, les dommages-intérêts ainsi arbitrés à l'avance doivent être fixes, il n'en résulte pas moins que ce n'est que lorsque le retard a pris fin, que le tribunal a pu apprécier les motifs du retard et statuer en bonne justice. On prend les différentes sommes à tant par jour comme un tout, on les déduit de la condamnation totale.

Cela n'empêche pas qu'*a priori* on ne peut pas savoir si ces dommages représentent ou non le montant réel de l'indemnité due. C'est une sorte d'acompte à valoir sur les dommages-intérêts qu'on fixera ultérieurement. La condamnation bien qu'établie avec un caractère de fixité n'a qu'une fixité apparente.

Nous avons deux quantités A et B. A représente le dommage calculé à l'avance ; B le dommage à fixer ultérieurement. Il faut que A ajouté à B représente le dommage réel.

A est établi d'une manière invariable, mais B variera justement parce que A est fixe, de sorte que, à vrai dire, il importe peu que la quantité A ne soit pas établie avec soin ; il suffira de faire varier B pour que l'on ait toujours A + B = dommages réels.

Comme la plupart du temps, les dommages-intérêts définitifs seront supérieurs à ceux alloués d'abord, les premiers sembleront conserver leur caractère de fixité ; s'ils sont trop forts, on diminuera d'autant la condamnation définitive ; s'ils sont trop faibles, on augmentera au contraire cette condamnation.

« Il peut se faire, dit un partisan des condamnations pour l'avenir, qu'à un moment donné, la somme des dommages-intérêts moratoires encourus égale le préjudice causé par l'inexécution ; à ce moment, le débiteur a toujours le droit d'exiger leur conversion en dommages-intérêts compensatoires ; car il lui suffit pour les encourir de signifier nettement son refus d'exécuter, et quand ils sont encourus, ils se compensent avec les intérêts moratoires qu'il a déjà payés (1). »

Malgré l'étonnement que nous éprouvons de recueillir un pareil aveu, de la doctrine opposée à celle que nous nous efforçons de soutenir, il nous semble cependant certain que l'opinion que nous avons reproduite est celle des partisans des condamnations pour l'avenir (2).

Il faut reconnaître en ce cas qu'ils ne sont guère éloignés d'accepter notre opinion.

Si les dommages-intérêts moratoires peuvent être convertis en dommages-intérêts compensatoires, il faut dire que le juge en les accordant n'a pas eu seulement l'idée de réparer le retard, mais que dans une certaine mesure il a prévu l'inexécution ; voilà donc des dommages-intérêts qui peuvent être à la fois moratoires et compensatoires. Le caractère de compensation nous semble bien avoir été introduit ici pour parer aux in-

(1) Massin, *op. cit.*, p. 388.
(2) Demolombe, t. XXIV, n^os 496 et s.

convénients des condamnations *in futurum*. Ce qui ne vaudra pas comme moratoire, vaudra comme compensatoire.

Raisonner de la sorte c'est pour ainsi dire avouer qu'il est matériellement impossible dans ces sortes de condamnations que le juge tienne uniquement compte d'un retard ; pourtant dans l'esprit du juge, il s'agissait bien uniquement de dommages accordés à ce titre ; si on était logique, on devrait dire qu'ils conserveraient toujours ce caractère. S'ils ne le conservent pas, c'est qu'il a été tout à fait impossible d'apprécier exactement à l'avance les dommages encourus pour retard.

On voit donc combien est dangereuse pour la théorie adverse, ce mélange de dommages-intérêts moratoires et compensatoires. Nous n'osons pas dire que c'est la ruine presque complète de la théorie, mais il nous semble bien difficile pourtant de penser autrement.

On est bien heureux de trouver ces dommages-intérêts compensatoires pour venir tempérer ce que la première condamnation pouvait avoir d'injuste et d'excessif ; car, ne l'oublions pas, il faut sauvegarder les apparences, et la règle contenue dans l'article 1351 qui proclame l'autorité de la chose jugée.

Cela est si vrai qu'au cas d'exécution ultérieure de la part du débiteur, les dommages-intérêts moratoires ne trouvant plus derrière eux de dommages-intérêts compensatoires, on reconnaît que le principe d'autorité de la chose jugée oblige à les maintenir (1).

(1) Massin, *op. cit.*, p. 382.

Voilà une bien singulière différence entre l'exécution et l'inexécution, différence que rien ne justifie ; l'autorité de la chose jugée est aussi respectable dans un cas que dans l'autre ; et il ne semble pas qu'on la respecte dans le cas d'inexécution.

§ 2. — Moyens détournés employés par la jurisprudence. —<br>
Explication de la théorie de l'astreinte.<br>
Son double caractère : menace et peine. — Son utilité. —<br>
Retard. — Refus d'exécution.<br>
D'une théorie spéciale aux obligations de ne pas faire.

Des condamnations pour l'avenir devait naître fatalement le caractère comminatoire de l'astreinte : cette solution s'imposait au nom de la justice et de l'équité. Nous avons essayé de démontrer qu'il est impossible que le juge sache à l'avance la réparation que le retard devra entraîner.

La condamnation peut fort bien ne pas correspondre au préjudice souffert, bien que les juges aient cherché à l'évaluer « aussi exactement que possible ». Peut-être le préjudice n'existera-t-il pas, ou s'il existe peut-être n'y aura-t-il pas de la faute du débiteur ? Et cependant, la condamnation est irrévocable.

Il y a là quelque chose de choquant. On ne trouva rien de mieux que de déclarer après coup que l'intention des premiers juges avait été de rendre seulement une décision comminatoire ; mais que cette décision devait être revue et appréciée ; elle avait un caractère purement provisoire.

Malheureusement sur ce terrain la pente est rapide. Si la condamnation est simplement comminatoire, il n'est même pas besoin de chercher « autant que possible » à réparer le préjudice. Il faut faire impression sur le débiteur ; ainsi on perd de vue le caractère essentiellement réparateur des dommages-intérêts, pour ne s'occuper que de la contrainte opérée indirectement sur le débiteur et destinée à triompher de résistances obstinées et injustes (1). Le juge à présent menace et en menaçant il dépasse la mesure du préjudice éprouvé, car plus les dommages-intérêts seront élevés, plus la menace aura d'effet ; ainsi il pousse le débiteur à l'exécution en nature. Un débiteur sans refuser d'exécuter son engagement montre du mauvais vouloir ; le tribunal le condamne à titre comminatoire à tant de dommages-intérêts par jour de retard. Cette condamnation n'est pas définitive. Quand le délai sera écoulé, le tribunal examinera si le débiteur a réellement contrevenu par sa faute à la défense qui lui était faite ou à l'ordre qui lui était donné, et il pourra décider que les dommages-intérêts ne sont pas encourus, si le débiteur a une excuse valable.

La condamnation ne devait pas toujours rester com-

----

(1) Montpellier, 1ᵉʳ avril 1862, S. 62.2.335 ; Bordeaux, 1870, D. 70.2.208.

minatoire ; le caractère de peine apparaît bientôt, dans
l'exagération prononcée à titre définitif du préjudice
causé.Question que nous réservons également. Ces dommages-intérêts à titre de menace ou de peine ont reçu
le nom d'astreintes. L'utilité des astreintes se montre
bien même en matière d'obligations de donner, si le
débiteur cache la chose à livrer, mais ces condamnations se rencontrent surtout dans les obligations de faire
dont l'accomplissement exige l'action personnelle du
débiteur (1).

L'article 1142 du Code civil ne permet pas pour ces
obligations l'emploi d'une contrainte physique sur le
débiteur, même dans les cas où elle pourrait aboutir à
l'exécution de l'obligation.

Mais grâce au nouveau procédé, on arrive par une
voie indirecte à procurer la plupart du temps l'exécution en nature au créancier, à moins que le débiteur
ne préfère sa ruine.

Ces astreintes sont de véritables *amendes judiciaires*.

Nous allons d'abord les bien distinguer des dommages-intérêts.

Quelques éléments sont communs : dans les deux cas,
on se trouve en présence d'une obligation imposée par
la justice et non exécutée.

On aboutit dans les deux cas à la condamnation au
paiement d'une somme d'argent.

(1) *Contrà*, Aubry et Rau, t. IV, p. 39 et s.

Les uns et les autres peuvent avoir pour résultat de vaincre la résistance du débiteur, et en ce sens ils sont tous deux des moyens de contrainte.

Une différence radicale les sépare :

Tandis que l'astreinte a cette résistance pour cause et fin principale, et que la peine doit être proportionnée à l'intensité de la résistance, les dommages-intérêts ont pour but unique le préjudice que la résistance occasionne, et l'indemnité accordée est la réparation de ce préjudice. Au premier cas, le juge doit prévoir une résistance invincible par les moyens d'exécution ordinaire ; dans le deuxième cas, au contraire, il vise uniquement le préjudice éventuel.

Le plus souvent, en pratique, la somme accordée est à la fois une astreinte et une indemnité. Son but est de contraindre et de réparer ; de sorte que, dans la pensée du juge, l'astreinte renferme aussi les dommages-intérêts.

« C'est, dit-on, ce qui explique la facilité avec laquelle les juges prononcent trop souvent des dommages-intérêts *in futurum*, sans donner de motifs spéciaux et sans trop rechercher si le dommage *éventuel* est établi.

« L'insuffisance de justification ne les arrête pas, puisque toute la partie de la condamnation qui ne vaut pas comme indemnité vaut comme peine (1). »

Nous repoussons cette solution. Il nous paraît évi-

---

(1) *Pandectes belges*, Vᵒ *Astreinte*, p. 956, nᵒ 7.

dent que les juges ne pourront pas rechercher si le dommage éventuel est établi ; car s'il était établi « il ne serait pas éventuel » à moins de dire qu'il est établi en tant qu'éventuel, ce qui ne signifierait rien ; une éventualité n'est pas une certitude ; c'est simplement une probabilité ; or, il est de l'essence d'un fait probable de ne jamais pouvoir être établi d'une façon certaine ; nous avons l'air de dire une naïveté : c'est pourtant de façon différente que s'exprime le texte cité. Sans doute la pensée de l'auteur est la suivante : « si le préjudice éventuel pourra se réaliser. »

Quoi qu'il en soit, ce préjudice *éventuel* ne serait pas suffisant pour motiver une condamnation *définitive* à des dommages-intérêts.

Un préjudice éventuel ne peut entraîner qu'une condamnation éventuelle. Cependant tous les auteurs semblent trouver naturel qu'un semblable préjudice, qui n'est encore que tout à fait problématique soit établi par un jugement sur lequel il ne sera plus permis de revenir.

Nous avons pourtant des articles dans notre Code qui disent que les dommages-intérêts sont proportionnés à la faute du débiteur et à l'étendue du préjudice. Que fait-on de ces articles ? Car ne peut-il pas très bien arriver que le dommage éventuel ne se réalise pas ; et cependant la condamnation est là, rigoureuse, irrévocable ; et le juge ne peut sans méconnaître les principes qui régissent les décisions judiciaires revenir sur un jugement définitif, et décider qu'il ne recevra pas d'exécution.

Les tribunaux distinguent quelquefois entre le refus et le simple retard.

Nous avons déjà eu l'occasion de parler de cette distinction, toute idée d'astreinte mise à part ; nous nous sommes rangés à l'opinion de la majorité des auteurs ; du moment qu'un débiteur a refusé d'exécuter son obligation, et que du reste la loi interdit la violence contre sa personne pour l'amener à l'exécution, l'obligation doit forcément se résoudre en dommages-intérêts (art. 1142). Il n'était alors question que du caractère strictement réparateur des dommages-intérêts ; ne l'oublions pas. On ne parlait pas du tout de menace ou de contrainte sur la personne du débiteur.

Le point qui nous occupe maintenant est tout autre. Nous sommes en matière d'astreinte, c'est-à-dire dans une matière où le but poursuivi est de vaincre la résistance du débiteur.

On a, disions-nous, même dans ce cas, distingué quelquefois le refus du retard ; au cas de refus, il n'y aurait pas lieu de prononcer d'astreinte.

Nous ne voyons guère la raison de cette distinction ; les astreintes ne sont pas plus justifiables dans un cas que dans l'autre. Toutefois, peut-être par un reste de scrupule, les tribunaux n'ont pas toujours osé user de ce moyen au cas de refus.

L'astreinte a été imaginée, nous le répétons, pour vaincre la résistance du débiteur ; elle est même pour cet usage un outil merveilleux ; cependant devant un refus formel, les tribunaux ont semblé parfois avoir perdu tout espoir de vaincre cette résistance (1), de sorte que l'on arriverait à ce résultat curieux : le débiteur qui ne répondrait pas par un refus formel serait plus mal traité que celui qui l'aurait fait. Il nous semble qu'il serait plus logique d'assimiler les deux cas ; car, c'est reconnaître bien vite son impuissance, que de céder à un refus du débiteur ; ce serait au contraire le moment de sévir davantage.

Pourquoi ferait-on une situation privilégiée au débiteur récalcitrant, alors qu'il devrait, s'il était possible, être frappé avec plus de rigueur ? Certains arrêts l'ont bien compris, et n'ont opéré aucune distinction entre le refus et le retard. Cette solution nous paraît bien plus rationnelle que la précédente, et nous devons dire qu'elle l'emporte en jurisprudence. Il est fort probable que la distinction opérée entre le refus et le retard au cas de dommages-intérêts proprement dits, distinction parfaitement justifiable, du reste, n'a pas été sans influence sur les solutions contradictoires données par les tribunaux au cas d'astreintes (2).

(1) Cour de Paris, 4 juillet 1865, S. 65. 2. 233.

(2) Arrêts qui distinguent : Cass., 26 juillet 1854, S. 1855. 1. 33 ; Cour de Paris, 4 juillet 1865, S. 65. 2. 233 ; arrêts qui ne distinguent pas : Cass., 25 mars 1857, S. 57. 1. 267 ; Cass., 8 novembre 1864, S. 65. 1. 318.

Nous avons insisté quelque peu sur ces points ; car nous n'avons pas trouvé la différence que nous établissons nettement formulée par les auteurs ; ils parlent bien de la distinction entre le refus et le retard au cas de dommages-intérêts, la plupart d'entre eux trouvent cette distinction justifiée et désapprouvent les arrêts qui ont assimilé le refus au retard.

Ils semblent avoir oublié que ces arrêts statuaient non plus en ce qui concerne les dommages-intérêts, mais relativement à des situations toutes différentes, où le but poursuivi justifie au moins théoriquement l'assimilation faite.

Donc, s'il y a refus du débiteur, nous pensons que pour respecter la loi, il faut que l'obligation se transforme immédiatement en dommages-intérêts. L'article 1142 qui parle bien de résolution de l'obligation, nous paraît imposer cette solution. Se résoudre, c'est bien changer de caractère, et cela signifie que l'obligation primitive ne pouvant être réalisée, les dommages-intérêts doivent en prendre la place. Si un tribunal, devant un refus formel d'exécuter l'obligation de faire ou de ne pas faire, n'opérait pas cette résolution, et adoptait un autre mode de réparation, nous ne sommes pas éloignés de croire que sa secrète pensée serait, en ne tenant pas compte du refus, de voir un jour ou l'autre le débiteur cesser de violer ses engagements.

Cette opinion n'est pas partagée par tous les auteurs ; la plupart, au reste, sont muets sur la question qui nous occupe, et nous serions bien tentés d'interpréter leur silence en notre faveur, car l'article 1142 ne distingue pas entre les obligations de faire et de ne pas faire, le silence de ces auteurs implique bien qu'ils ont entendu se conformer à l'article. Mais un auteur dont le savoir et l'érudition sont bien connus, M. Meynial a proposé d'établir une différence entre les obligations de faire et les obligations de ne pas faire au point de vue de leur mode de réparation, et il a essayé de montrer que pour les obligations de ne pas faire tombant sous le coup de l'article 1142, une résolution immédiate en dommages-intérêts n'est pas possible. Nous aurions pu rattacher l'étude de cette théorie au paragraphe précédent de notre travail ; mais comme nous sommes en présence d'un refus du débiteur et que nous avons décidé ailleurs que tout refus devait entraîner résolution de l'obligation en dommages-intérêts, aux cas prévus par l'article 1142, on peut donc se demander à bon droit si dans la théorie que nous essaierons de combattre, on n'a pas un peu subi l'influence du système qui a pleine vigueur en jurisprudence. Il nous a donc paru préférable de retarder le développement de cette théorie pour le moment où les astreintes nous seraient plus familières.

M. Meynial s'occupe des condamnations à tant par chaque infraction à une obligation de ne pas faire, et s'exprime ainsi :

« Malgré le refus du débiteur, l'obligation ne se transforme pas en une dette unique de somme d'argent. On pourrait être tenté de croire que cette mesure est analogue à la condamnation à des dommages-intérêts par jour de retard, au cas de refus du débiteur d'exécuter en nature et que les dommages-intérêts fixés pour chaque violation sont au même titre un moyen de contrainte. Cela serait inexact, car dans le cas de dommages-intérêts par jour de retard, la contrainte résulte de ce que les dommages-intérêts s'ajoutent à l'obligation et en aggravent la charge. Ici, au contraire, si à chaque violation des dommages-intérêts sont encourus, chaque violation diminue la charge de l'obligation totale d'une valeur correspondant aux dommages-intérêts à payer ; en d'autres termes, si le débiteur ne veut pas exécuter, la situation sera la même à l'expiration de l'obligation, que si au début on avait fixé des dommages-intérêts en bloc, puisque le total des dommages-intérêts partiels joint à la valeur des abstentions fournies sera égal aux dommages-intérêts en bloc. Cette décision ne fait donc que permettre au débiteur des paiements partiels, puisqu'il peut satisfaire son créancier en exécutant une partie de l'obligation en nature, et en payant des dommages-intérêts correspondant à l'autre partie. »

Nous avouons ne pas comprendre cette façon d'argumenter. Qu'est-ce d'abord que des dommages-intérêts partiels joints à la valeur des abstentions ? On ne peut ajouter et additionner que des quantités semblables ; pourquoi diviser, fractionner ainsi le contrat ?

Comment savoir, par exemple, au cas du boulanger qui s'est interdit d'exercer sa profession dans un certain ressort, si un jour il a vendu du pain, si un autre jour, il n'en a pas vendu. Quelle source de contestations ! il faudrait s'en rapporter au dire de témoins ; nous ne voyons pas que la justice et les plaideurs gagnent beaucoup à cette manière d'envisager la question.

L'article 1142 dit : « Toute obligation de faire ou de ne pas faire se résout en dommages-intérêts. » Si je me suis engagé à ne pas jouer sur un théâtre et que j'y joue, nous sommes bien dans les termes de l'article 1142.

Par le fait que je joue sur le théâtre, je manifeste hautement mon intention de contredire à mon obligation de ne pas faire. Il y a dès lors de ma part un véritable refus d'exécution. Or, d'après la très grande majorité des auteurs, quand il y a refus d'exécution, le juge ne peut plus condamner à des dommages-intérêts pour l'avenir, il doit liquider immédiatement.

Si l'artiste déclare formellement ne pas vouloir exécuter l'obligation par lui contractée, de jouer sur un théâtre, on reconnaît que les dommages-intérêts doivent consister en une somme fixe. Au contraire, si celui qui a promis de ne pas jouer sur une scène y joue, on prétend qu'il y a dans cette obligation une sorte de contrat successif, et que les dommages-intérêts ne peuvent être encourus que pour chaque contravention. Nous ne voyons pas bien la raison de distinguer entre l'obligation de faire et celle de ne pas faire.

Ces obligations sont absolument de même nature ; le seul motif que, dans un cas, il y a fait négatif et dans l'autre fait actif ne suffit pas pour établir entre elles une pareille différence ; un même fait peut revêtir la forme passive ou active : je m'engage à vous laisser passer sur mon terrain ; ou bien je m'engage à ne rien faire pour troubler votre passage.

La théorie soutenue par nos adversaires offre certainement de grands avantages au débiteur, en ne le condamnant à payer de dommages-intérêts qu'à chaque infraction, c'est-à-dire à chaque fois que le créancier éprouvera un préjudice. Dans notre système, au contraire, on ne tient pas un compte aussi exact du préjudice ; le débiteur qui manque une seule fois à ses engagements est passible de dommages-intérêts aussi élevés que celui qui y manquerait toujours.

N'y a-t-il pas là une atteinte au principe de notre droit qui veut que les dommages-intérêts correspondent à un préjudice ?

Non, car le débiteur, par son attitude, a brisé son contrat ; il a manifesté clairement l'intention de ne plus tenir compte de ses engagements. Il n'est pas admissible que le créancier soit à sa merci ; et qu'il soit obligé de contrôler le nombre de fois qu'il plaira au débiteur de violer ou au contraire d'exécuter sa promesse. Ce dernier devait savoir à quoi il s'exposait ; les parties pouvaient convenir entre elles qu'une somme serait payée au créancier, si le débiteur n'exécutait pas son contrat. Les juges, en l'absence de clause pénale, statueront sur les dommages-intérêts ; et qu'on ne dise pas que les dommages-intérêts sont alloués sans cause ; car ils trouvent leur justification dans cette considération qu'il était loisible au débiteur de ne plus tenir compte de ses engagements, et qu'on n'a plus à s'occuper s'il a manifesté trop tard le désir d'exécuter son contrat ; il a acheté moyennant un certain prix le droit de le violer.

Il ne faut pas, sous prétexte d'une réparation exacte de préjudice, sacrifier absolument le créancier et laisser se perpétuer indéfiniment les procès. Au reste cette estimation des dommages-intérêts n'est pas plus arbitraire au cas d'obligation de ne pas faire qu'au cas d'obligation de faire : un artiste s'engage à jouer sur un théâtre, puis, après la première représentation, il rompt son contrat ; le tribunal ne va-t-il pas le condamner à des dommages-intérêts en bloc ? et cependant, quels éléments exacts d'appréciation aura-t-il ? on le voit, la situation est identique à celle où l'artiste aurait promis de ne pas jouer, et l'aurait fait néanmoins.

Il existe cependant des cas pour lesquels le tribunal est obligé de ne prononcer une condamnation qu'à chaque infraction ; c'est quand il s'agit d'obligations délictuelles, et d'obligations légales, dont nous nous occuperons bientôt.

Nous avons vu que les tribunaux avaient trouvé dans

les astreintes un puissant secours pour déterminer le
débiteur à l'exécution en nature.

Quand l'exécution *manu militari* est impossible, et
que le préjudice pécuniaire résultant de l'inexécution
de l'obligation est minime, il est vrai de dire que le débiteur se dégagera bien facilement des liens de son
obligation, car, comme nous le verrons, le préjudice
moral n'entre pas toujours en ligne de compte, et la
majorité des auteurs et une jurisprudence assez considérable se refusent à l'admettre.

Puis alors même que l'emploi de la *manus militaris*
pourrait être ordonné, la jurisprudence s'abstient de
le faire dans certains cas ; par exemple, c'est un marchand qui a vendu un meuble et refuse de le livrer ; une
mère qui détient des enfants illégitimement et refuse
de les rendre ; de sorte que par sa propre façon d'opérer elle a encore rendu plus urgent le besoin d'apporter un remède à cette fâcheuse situation (1).

Les dommages-intérêts proportionnés au préjudice
pécuniaire causé pourraient être dérisoires, quant à leur
taux comparé à l'intérêt moral en jeu ; de sorte que la
justice est désarmée. De là l'explication des paroles
menaçantes qu'elle profère (2), et l'irritation provenant
de son impuissance. « C'est une résistance qu'il faut

(1) Nancy, 25 janvier 1873, D. 73. 2. 11.
(2) Montpellier, 1er avril 1862, S. 62. 2. 335; Bordeaux, 5 mai 1870,
D. 70.2.208 ; Angers, 13 février 1856, D. 57.1.213.

vaincre à tout prix », « force doit rester à la loi ». Il semble que la jurisprudence cherche, dans cette nécessité sociale d'assurer l'obéissance aux ordres de la justice, une excuse pour la hardiesse de sa théorie. Son but est d'effrayer le débiteur par la menace de la ruine. Nous allons voir comment cette théorie a pris naissance, et les développements que notre pratique judiciaire lui a donnés.

### § 3. — Historique des astreintes.

L'origine des astreintes est intéressante à rechercher.

Elles remontent à peine au commencement du siècle; dans l'ancien droit l'étude des dommages-intérêts avait sans doute préoccupé nos jurisconsultes. On avait coutume de taxer le débiteur avec une grande modération. La jurisprudence de la Révolution et des premières années du Code civil suivit cette voie, et il serait difficile d'y trouver la trace de dommages-intérêts exagérés. A quel moment précis cette tendance à l'exagération s'est-elle manifestée? Comme autrefois les institutions prétoriennes, cette pratique s'est établie lentement, prenant corps chaque jour et s'étendant davantage, après de nombreuses hésitations et des tâtonnements, jusqu'à ce qu'elle soit arrivée enfin à un si haut degré de perfection qu'il peut paraître téméraire de vouloir lutter contre un courant impossible à remonter. Cependant, pour l'honneur des principes, nous aurons le stérile courage d'attaquer de toutes parts la théorie créée par la jurisprudence. Si nous avons fait un travail inutile au point de vue du résultat, nous estimons encore que notre étude ne sera pas sans intérêt si elle parvient à démontrer les vices d'une jurisprudence que rien ne peut justifier, si ce n'est peut-être les résultats pratiques qu'elle peut donner. Nous ne pensons pas que personne ait eu jamais l'idée d'appliquer en droit le principe « que la fin justifie les moyens ». C'est donc courageusement que nous entamerons la lutte avec l'appui de presque toute la doctrine.

Voyons l'évolution qui a eu lieu, et la marche progressive des tribunaux.

Il arrive fréquemment qu'un débiteur au jour de l'échéance de l'obligation ne soit pas en mesure de l'exécuter. Mis en demeure par son créancier de remplir ses engagements, il ne lui donne point satisfaction. Un jugement intervient qui reconnaît le bien fondé de la demande, mais il envisage la situation intéressante du débiteur, son bon vouloir, ou bien il espère peut-être que son silence n'est pas un refus formel d'exécution, et il veut lui donner le temps de la réflexion. Alors le tribunal accorde au débiteur comme une véritable faveur un délai de grâce.

Jusqu'ici rien que de très licite et de fort équitable, si le juge n'apprécie pas dès à présent le dommage causé par le retard (art. 1184, C. civ., alinéa 3<sup>e</sup>) ; mais le juge ne pourrait accorder un nouveau délai, il modifierait ainsi sa sentence, ce qu'il n'a pas le droit de faire (1).

Alors même que le retard ne serait pas complètement imputable au débiteur, la fixation d'un délai établit d'une manière irrévocable le moment où le débiteur devra subir la condamnation.

Il sembla injuste à certains tribunaux dans ce cas, d'avoir mis obstacle à l'exécution par la fixation d'un délai qui avait précisément pour but de la faire obtenir.

Un premier pas va se faire ; on va déclarer que ce délai n'est pas un délai irrévocable,. mais simplement comminatoire (2). Il ne s'agit nullement encore de pousser le débiteur à l'exécution en nature. On ne remarque point de pression opérée sur lui ; point de contrainte.

Au contraire, on sacrifie totalement le créancier au débiteur ; à lui tous les avantages ; il pourra toujours exécuter en nature, même quand le créancier préférerait obtenir des dommages-intérêts (3).

Cette tendance favorable au débiteur s'accentue encore davantage ; on lui donne le choix entre ces deux modes d'exécution, sans se préoccuper du point de savoir s'il en résulte ou non un préjudice pour le créancier (4). Le délai n'a jamais un caractère définitif, à

(1) Baudry, t. III, p. 363, édit. 93.
(2) Réols et Cabrillac, 21 juin 1809, Dall., *Rép. alph.*, V° *Chose jugée*, n 386.
(3) 21 juin 1809, Dall., *Rép. alph.*, V° *Chose jugée*, n° 386.
(4) Gallois c. Jouet, 22 janv. 1812, Dall., V° *Chose jugée*, n° 386.

moins qu'une intention contraire ne soit manifestement exprimée.

On n'a pas encore touché aux dommages-intérêts. La plupart du temps ils sont accordés en bloc (1), et ils ne varient pas ; le moment où il faudra s'en contenter est simplement retardé.

Bientôt, au lieu de prononcer d'un seul coup les dommages-intérêts, les tribunaux prennent l'habitude de condamner à tant par jour de retard. De cette habitude de statuer en vue de l'avenir, est née la théorie des astreintes. Nulle trace d'exagération dans les dommages n'apparaît encore et un jugement du tribunal de Metz du 19 juillet 1818 semble bien ne tenir compte que du préjudice réellement éprouvé. Ici va naître la difficulté : la Cour de cassation, le 28 décembre 1824 ramène au taux réel du préjudice, la condamnation que le tribunal de Metz avait certainement prononcée d'une façon définitive ; voici l'espèce (2) : Un sieur Dardenne avait été condamné par le tribunal de Metz à restituer des pièces sous peine de 10 francs par jour de retard. A raison des efforts qu'il avait faits pour s'exécuter, la Cour de cassation valida la réduction à 400 francs de 11.080 francs de dommages-intérêts réclamés par le demandeur en vertu du premier jugement.

La première condamnation avait donc exagéré le dommage, ou tout au moins le dommage qu'elle avait

(1) Dall., *Rec. alph.*, V° *Chose jugée*, n° 388.
(2) Cass., 28 déc. 1824, S. 25.1.166.

en vue ne s'était pas réalisé. Pour pouvoir revenir sur
la décision, la Cour de cassation décida que cette condamnation par cela seul qu'elle ne représentait pas
exactement le dommage ne pouvait être maintenue.
Elle lui reconnut d'autorité le caractère comminatoire
que les premiers juges n'avaient même pas pu soupçonner pour la raison bien simple qu'à ce moment les
dommages-intérêts étaient toujours fixés de façon irrévocable.

L'arrêt de cassation est pour nous le point de départ
de toute la théorie des astreintes. Il faut bien remarquer que le soin le plus grand des magistrats suprêmes
est de tenir un compte exact du préjudice ; ce souci les
préoccupe tellement qu'ils déclarent forcément comminatoires des dommages-intérêts qui leur paraissent
n'être pas en parfaite harmonie avec le dommage subi.

Ainsi la Cour de cassation reconnaissait implicitement aux tribunaux le droit d'exagérer les dommages
à cette condition expresse que la condamnation serait
simplement comminatoire ; ce qui montre bien que
l'on se repose sur le caractère comminatoire de la condamnation pour apprécier largement et même exagéré-
ment les dommages-intérêts.

Nous ne croyons pas qu'il y ait entre l'idée d'exagération et le caractère comminatoire une simple coïnci-
dence (1). Ces deux idées sont étroitement liées l'une à

(1) Massini, *op. cit.*, p. 423.

l'autre ; la condamnation peut être exagérée parce qu'elle est forcément comminatoire (1).

L'idée de peine est donc toujours au second plan ; déjà en 1812 la Cour de cassation avait formellement reconnu que les tribunaux répressifs pouvaient seuls prononcer des peines (2).

Certes il y a bien dans l'exagération des dommages-intérêts un certain caractère pénal ; sans doute ; mais cette peine ne peut être établie d'abord d'une manière définitive, irrévocable :

« Le tribunal est toujours le maître de modifier le taux des dommages-intérêts pour le retard, en appréciant à sa juste valeur le dommage réellement causé par le retard (3). »

Le caractère nécessairement comminatoire apparaît encore dans un jugement de la Cour de cassation du 4 juin 1834, qui confirme la réduction opérée par la Cour de Toulouse, le 3 avril 1830, de dommages-intérêts exagérés (4).

Le 22 novembre 1841 (5) la Cour de cassation appliqua encore le même système. Le tribunal de la Seine, le 11 juillet 1811, s'exprimait ainsi : « Attendu que le défendeur a été chargé par la clôture de l'inventaire de

(1) Cf. Meynial, *op. cit.*, p. 456.
(2) 26 juillet 1812, S. 1813.1.86.
(3) Dall., Vᵒ *Chose jugée*, nᵒ 386, arrêt 16 août 1814. Bignaud c. Arnaud.
(4) Cass., 4 juin 1834, S. 35.1.39.
(5) Cass., 22 novembre 1841, S. 42.1.170.

tous les papiers inventoriés, et qu'il est responsable de
leur perte, en supposant qu'il les ait perdus ; que l'inventaire ne faisant pas connaître l'importance des pièces, le tribunal doit apprécier le montant des dommages
à allouer d'après les aveux des parties et les circonstances de la cause, condamne le sieur Cally, faute d'avoir
communiqué et représenté les titres, à payer la somme
de 15.000 francs par forme de dommages-intérêts et
pour tenir lieu des titres. »

En 1841, c'est-à-dire trente ans après ce jugement, la
Cour de cassation reconnut qu'un second tribunal pouvait parfaitement réformer une décision rendue par un
premier tribunal, sous le seul prétexte qu'elle lui pa-
raissait alors exagérée.

Pourtant dans le jugement de 1811 il s'agissait bien
d'estimer la valeur possible des titres perdus et de la
faire payer à titre de réparation du préjudice causé ; il
n'était nullement question de contrainte. La Cour de
cassation a évidemment attribué aux premiers juges des
intentions qu'ils n'avaient jamais eues.

Un tribunal, statuant ainsi pour l'avenir, manque
d'éléments suffisants d'appréciation ; la condamnation
qui à ses yeux représentait exactement le préjudice
souffert se trouve par la suite ne pas avoir atteint le but
qu'elle se proposait ; ainsi l'ont décidé les jugements de
1824 et de 1841, qui ont dû attribuer à des condamnations antérieures prononcées pour l'avenir un caractère
comminatoire qu'elles ne renfermaient pas.

Par le caractère comminatoire on a expliqué l'exagération du dommage, exagération impossible à justifier
autrement. Ainsi la condamnation pour l'avenir appelait nécessairement la condamnation comminatoire ;
notre opinion se trouve absolument confirmée par les
arrêts de cassation que nous avons cités. Cette condamnation était comminatoire, justement parce qu'elle
ne pouvait tenir un compte exact du préjudice alors
même *qu'elle l'eût voulu* ; et si elle statue d'une façon
plus ou moins approximative, qu'importe qu'elle soit
plus élevée, puisqu'elle est sujette à révision et simplement provisoire ?

Jusqu'à présent nous ne voyons guère apparaître le
caractère de peine. Sur ce point la Cour de cassation
ne s'explique pas très clairement. Elle approuve la révision d'une condamnation, sous le seul prétexte qu'elle
semblait exagérée (1).

Nous n'apercevons pas très bien alors l'utilité de
l'exagération ; le débiteur sera bien tranquille, il sait
que le caractère pénal de la condamnation n'est pas
sérieux.

A vrai dire, à cette époque, notre théorie des astreintes n'est pas encore très consciente d'elle-même ; elle
cherche sa voie. Il est probable pourtant que le second
tribunal pouvait conserver à la condamnation un certain caractère de peine, mais il ne semble pas avoir

____

(1) Arrêt 1841 déjà cité.

immédiatement usé de ce droit; pour une raison ou pour une autre, il ramène le taux de la condamnation au préjudice éprouvé (1).

Nous pensons qu'au début le caractère comminatoire servait surtout à ramener au taux réel une condamnation que, par la force des choses, les premiers juges n'avaient pu rendre qu'approximative.

On relève donc jusqu'à présent dans la théorie de la jurisprudence le caractère forcément comminatoire de l'astreinte. Le deuxième juge n'interprète même pas le premier jugement, il examine seulement si les premiers dommages-intérêts sont exagérés, et il les réduit en général à une juste proportion, en tenant compte de la faute et du préjudice. Le débiteur était à peu près certain de ne pas payer les dommages-intérêts à un taux trop élevé, et de les faire ramener à une juste estimation du préjudice. On voulait surtout laisser au débiteur le temps de réfléchir, il ne fallait pas que la condamnation prononcée fût dès lors définitive. L'intérêt du débiteur prime celui du créancier qui peut-être pourrait avoir intérêt à ne plus exiger l'exécution en nature.

Le nom de peine ne figure pas encore expressément dans les arrêts. On reconnaît, trente ans après la condamnation, que le dommage réglé par les juges, n'est pas le dommage réel, alors même que l'intention

_______

(1) Cass., 28 déc. 1824, S. 25.1.166,

bien marquée avait été seulement d'indemniser le créancier et nullement d'opérer une menace sur le débiteur. Cette condamnation dit-on n'est que comminatoire, car elle est exagérée. D'où l'on peut tirer cette déduction que la Cour de cassation reconnaît désormais aux juges le droit d'exagérer la condamnation à condition qu'elle soit comminatoire.

La théorie se précise peu à peu. Un arrêt de 1849 parle clairement de la peine infligée au débiteur. Nous n'avons pas à nous en étonner ; car la faculté d'exagération dans l'appréciation des dommages pouvait, si l'on se retournait du côté du créancier, être d'un précieux secours pour obliger le débiteur indirectement à l'exécution, lorsqu'il y répugnerait. L'arrêt (1) de 1849 entre dans ce nouvel ordre d'idées ; voici ce qui résulte de cet arrêt.

« La disposition qui punit pour l'avenir d'une peine, l'infraction à une prohibition qu'elle prononce n'a ni le caractère, ni les effets d'une condamnation définitive et irrévocable. Le juge qui a fait la défense peut être appelé à examiner s'il y a ou non désobéissance à ses ordres, et décider, sans porter atteinte à la chose jugée que le cas prévu n'étant pas réalisé, la peine n'est pas encourue. »

La théorie prend corps ; l'intérêt du créancier préoccupe davantage l'esprit des juges.

(1) 5 déc 1849, D. 50.2.66.

Toutefois la peine infligée n'est pas définitive ; le juge examinera s'il y a ou non désobéissance à ses ordres, et si le cas prévu ne s'est pas réalisé, la peine ne sera pas encourue.

Au reste, cette peine est encore minime ; il s'agissait dans l'espèce d'une condamnation à 5 francs par infraction à une obligation de ne pas faire.

Il pourra arriver parfois que la somme fixée pour le retard apporté à l'exécution ne subisse aucune revision ; c'est que l'on estimera qu'elle était uniquement la représentation du préjudice causé par le retard (1).

Un arrêt de la Cour de Douai du 17 novembre 1862 (2) vient marquer une deuxième phase dans la pratique des astreintes. Il reconnaît au juge le droit de prononcer une peine définitive ; toutefois il semble admettre que la peine sera présumée comminatoire quand les termes de la sentence seront « de nature à la supposer telle ». Quand la peine est déclarée définitive, on ne peut plus dire que l'astreinte est pénale et comminatoire ; un de ses caractères le plus important, le caractère comminatoire, lui est enlevé ; elle sera alors simplement pénale.

Un pourvoi en cassation fut formé contre l'arrêt de la Cour de Douai, et la Cour de cassation par un jugement du 24 janvier 1865, dit que la condamnation est

(1) Cass., 26 juillet 1854, S. 55.1.33 ; 25 mars 1857, S. 57.1.267 ; 16 février 1859, S. 59.1.592.
(2) Douai, 17 novembre 1862, D. 63.1.226.

toujours réputée définitive, tant qu'on n'a pas prouvé que le premier juge la considérait comme comminatoire (1).

C'est le dernier terme de l'évolution, le plus respectueux de l'autorité de la chose jugée. Le caractère comminatoire de la condamnation passe à son tour au second plan, de sorte que, par une bizarrerie singulière, le caractère, le seul qui légitimait tout d'abord l'exagération du dommage, tend à disparaître ; on supprime ce qui a permis à la théorie de naître, la cause même de son existence et cependant on conserve les résultats. C'est une hardiesse bien grande et un souvenir un peu tardif du respect dû à l'autorité de la chose jugée. Les cours d'appel se sont montrées plus logiques en refusant souvent de suivre la Cour de cassation dans cette voie (2). Elles admettent la présomption en faveur du caractère comminatoire de la décision. Quoi qu'il en soit, tous les arrêts ne craignent plus de parler de contrainte exercée sur le débiteur, de résistances dont il faut triompher, de lutte à soutenir où à tout prix la justice doit demeurer triomphante. Le souci continuel des magistrats est d'obtenir par tous les moyens l'exécution de leurs décisions.

Cependant des hésitations s'étaient produites dans l'élaboration de la théorie des astreintes. La Cour de Paris par un jugement que nous avons déjà mentionné

(1) S. 65.1.84.
(2) D. 70.2.208, 75.2.31.

du 4 décembre 1841 (1) ne permettait pas d'accorder des dommages-intérêts pour une contravention non encore existante.

Même décision de la Cour d'Aix du 25 février 1847 (2).

Enfin des arrêts distinguent, nous l'avons déjà vu, entre le retard et le refus d'exécution et n'admettent pas l'astreinte au cas de refus (3).

Malgré ces quelques hésitations passagères, la théorie gagne chaque jour du terrain ; elle arrive à son apogée avec la fameuse affaire de Beauffremont dont nous aurons occasion de parler longuement, et qui se signale par le caractère particulièrement exorbitant de l'astreinte prononcée. La jurisprudence a paru enfin dans cette affaire se ressouvenir quelque peu de la théorie des dommages-intérêts, de notre Code civil, elle parle de dommage à réparer ; nous verrons ce qu'il faut penser de cette façon de s'exprimer ; qu'il nous suffise de constater pour le moment le taux énorme de l'astreinte, 1000 francs par jour. Voilà bien l'astreinte dans toute sa pureté : les dommages-intérêts exagérés au delà de toute limite, d'autant plus élevés que la résistance est plus vive. Il n'y a plus de raison pour s'arrêter. Si 500 francs sont insuffisants, on condamnera à 1000 fr., et si les 1000 francs par jour paraissent trop minimes, on pourra les doubler, les tripler, etc., etc.

(1) Dall., *Rép. alph.*, V° *Jugement*, n° 159, p. 280.
(2) Aix, 25 février 1847, D. 47.2.85.
(3) Paris, 4 juillet 1865, S. 65.2.233, Cass., 26 juillet 1854, S. 55.1.33.

C'est l'arbitraire le plus absolu, car pour qu'une contrainte fasse impression sur le débiteur, il faut qu'elle dépasse de beaucoup la valeur du préjudice subi par le créancier.

Cette astreinte peut être comminatoire et pénale ou simplement pénale (1), comment saura-t-on quel est le caractère de la condamnation. On interprétera la décision. Qui interprétera la décision ? Sans nul doute le tribunal qui l'aura rendue ; il est plus à même que personne de savoir s'il a jugé à titre comminatoire ou à titre définitif.

Ce point cependant fait difficulté.

Pour certains, l'appel étant une voie de recours ordinaire doit être admis contre tous les jugements, même contre ceux qui portent sur l'interprétation d'une précédente décision judiciaire.

Pour nous, nous pensons qu'un jugement interprétatif ne peut être attaqué par cette voie de recours, que s'il modifie ou altère le jugement interprété. Un tribunal, quand il interprète sa propre décision ne peut se tromper ; c'est lui faire injure que de croire qu'il est incapable de savoir par lui-même ce qu'il a voulu dire, et qu'un juge d'appel le saura mieux que lui.

---

(1) Cass., 23 novembre 1889, D. 91. 1. 31 ; 20 mars 1889, D. 89. 1.382 ; Cass., 7 novembre 1888, D. 89. 1. 259. Ces arrêts prononcent les astreintes comminatoirement. Cass., 9 janvier 1889, D. 91. 1.128 ; Cass., 14 juillet 1874, D. 75. 1. 460.

Telle n'est pas cependant l'opinion soutenue par M. le conseiller Féraud-Giraud (1).

Le tribunal de Moulins, interprétant sa décision, la déclarait définitive et irrévocable ; seulement il réduisait le taux de la somme réclamée par le demandeur, parce qu'il faisait partir le cours de l'astreinte d'un moment bien postérieur à celui que la prétention du demandeur lui assignait. Il s'agissait dans l'espèce de dommages-intérêts accordés à un particulier par jours de retard qu'une compagnie de chemin de fer mettrait à établir une voie de communication nécessaire à ce particulier.

On a dit que les parties ne se bornaient pas à réclamer l'interprétation, mais demandaient un jugement, ce qui expliquait l'appel possible.

Pour nous, il nous paraît de toute évidence qu'une Cour d'appel ne peut sous aucun prétexte venir déclarer qu'un juge de première instance a mal interprété sa décision, à moins qu'il ne l'accuse formellement de l'avoir altérée ; il est tout à fait exorbitant qu'un juge d'appel prétende découvrir un caractère comminatoire à une décision que ses auteurs déclarent définitive, autant dire aux premiers juges qu'ils ne savent pas ce qu'ils font, et alors pourquoi attacher à une première décision rendue par de pareils magistrats une impor-

______

(1) Voir arrêt de cassation du 7 novembre 1888. Rapport de M. le conseiller Féraud-Giraud, D. 89.1.259.

tance qu'elle ne mérite pas, et lui faire les honneurs de l'interprétation ?

A vrai dire, dans la circonstance, les juges d'appel avaient estimé que la somme allouée par le tribunal de Moulins était trop forte, et ils ont voulu la réduire ; et pour cela il fallait à tout prix déclarer comminatoire la décision ; fût-ce au mépris de l'opinion contraire nettement exprimée par les juges dans leur jugement d'interprétation.

Les tribunaux d'appel se sont quelquefois montrés plus respectueux de la forme donnée par les premiers juges à leur décision et ont maintenu le caractère définitif de la contrainte (1).

Le but de l'astreinte étant de menacer et de punir, la peine doit être d'autant plus forte que la fortune du débiteur est plus considérable. Nous trouvons un exemple frappant de cette idée dans l'affaire de Beauffremont.

Au reste, le rapport entre les dommages-intérêts et la fortune de celui qui les doit avait souvent préoccupé les juges (2).

On dit que l'idée de proportionnalité entre l'obligation et la possibilité de payer une dette se trouve dans l'article 208 du Code civil.

Il y a, croyons-nous, dans cette assertion une erreur très grande. La proportionnalité des aliments à la for-

____

(1) Nîmes, 17 déc. 1849, D. 52.2.59, trib. civ. Nevers, 31 août 1866, D. 67.2.198 ; Cour de Nancy, 9 déc. 1876, D. 79.2.47,
(2) Cass., 9 janv. 1889, D. 91.1.128.

tune de celui qui les doit est justifiée entre parents et enfants, et entre époux, mais cette règle toute spéciale ne doit pas être étendue en dehors des cas qu'elle prévoit, et notamment aux astreintes.

Cette sorte de peine progressive qui augmente avec la fortune du débiteur, nous paraît méconnaître les règles les plus élémentaires de notre droit. La fortune du débiteur n'a pas à entrer en ligne de compte dans l'appréciation des dommages-intérêts ; la justice doit être égale pour tous, pour le riche comme pour le pauvre ; apprécier la faute et le préjudice, voilà le seul devoir du magistrat. Mais condamner à des dommages-intérêts beaucoup plus considérables celui qui possède des richesses que celui qui ne possède rien, c'est de la part des tribunaux faire preuve de théories quelque peu révolutionnaires, et fort peu en harmonie avec notre régime actuel.

Il y a malheureusement par la nature même des choses beaucoup d'arbitraire dans l'évaluation des dommages-intérêts. C'est pour diminuer cet arbitraire autant que possible que la loi a tracé des règles pour guider le magistrat (art. 1150). Mais le peu de fortune ou d'aisance du débiteur, le nombre de ses enfants, et autres considérations relatives à sa situation personnelle ou à sa famille ne sont point des excuses pour le soustraire aux indemnités dont ses fautes le rendent responsable.

A l'inverse la fortune ou l'aisance du débiteur, la situation importante qu'il occupe ne sont point non plus des raisons pour augmenter le taux des dommages-intérêts. Le juge ne doit suivre que la règle de la rigoureuse et exacte justice (1), sans compassion pour le pauvre, sans haine contre le riche (2).

La théorie de la jurisprudence est dangereuse, bien qu'elle cherche à se couvrir d'une apparence de légalité en disant que les dommages-intérêts doivent néanmoins conserver leur caractère réparateur. C'est se payer de mots : si le dommage doit toujours être réparateur, il ne doit pas tenir compte de la fortune, ou au moins d'une façon tout à fait indirecte, et si cette fortune a pu avoir quelque influence sur l'étendue du dommage.

Cependant la jurisprudence s'est montrée logique avec elle-même ; elle a voulu punir le débiteur de sa résistance, et pour punir, il faut évidemment que la somme allouée soit de nature à impressionner vivement le débiteur. Si le débiteur est très riche, il est bien certain qu'il subira facilement une peine qui lui paraît minime eu égard à ses revenus. Il est de toute nécessité, pour que l'astreinte soit efficace, que le débiteur en sente le fardeau.

Comme la fortune peut être le résultat du talent, du génie, on frappera indirectement les hautes qualités

____

(1) « Pauperis quoque non miseraberis in judicio. Non consideres personam pauperis nec honores vultum potentis. Juste judica. » La Bible, Exod., 23, 3.

(2) Cf. Toullier, t. III, p. 183, n° 289.

d'un artiste, on lui fera payer l'impôt de sa gloire ; il aura la satisfaction de se dire, si l'astreinte est très forte que ses succès et ses mérites sont fort appréciés ; il se consolera de la perte de son argent par l'hommage public rendu à sa valeur (1).

Il est fort à prévoir que cette louange singulière ne sera pas très goûtée des artistes, et qu'ils ne comprendront guère le sentiment d'exquise délicatesse du créancier qui leur fera indirectement de si grands éloges.

Certes, on peut attacher à l'œuvre d'un artiste une valeur d'affection, dont il serait peut-être bon que le tribunal tînt compte dans l'allocation des dommages-intérêts, nous étudierons cette question.

Ce préjudice moral aura des limites ; or l'astreinte théoriquement ne doit pas en avoir ; autant dire qu'il est impossible à un artiste de se dégager de ses liens, que devient alors l'article 1142 du Code civil ?

**§ 4. — Des obligations légales ; de l'infraction
à ces obligations. — Applications en jurisprudence :
abandon du domicile conjugal, garde des enfants, etc.
Obligations délictuelles. —
Comparaison des obligations légales et conventionnelles.**

En dehors des obligations conventionnelles, on a pu voir que la jurisprudence a pratiqué les astreintes dans certains cas spéciaux, pour certaines espèces d'obliga-

(1) Trib. civ. Seine, 1895, 1re ch., Journal *Le Droit*, 15 mars 1895.

tions dont nous allons maintenant nous occuper. Nous voulons parler des obligations légales et des obligations délictuelles.

1° *Obligations légales.* — Les sources d'obligations sont de plusieurs sortes : le contrat, le quasi-contrat, le délit et le quasi-délit, enfin la loi.

Les contrats et les quasi-contrats interviennent pour régler les rapports entre particuliers, auxquels l'ordre public n'est pas intéressé.

L'obligation légale est l'obligation qui règle en général les rapports de l'individu envers la société, mais quelquefois aussi les rapports des particuliers entre eux chaque fois que l'ordre public entre en jeu.

A notre avis, une obligation est légale, toutes les fois qu'elle ne dérive pas d'une des quatre sources précitées, contrat, quasi-contrat ; délit, quasi-délit. Toutes les obligations légales intéressent plus ou moins l'ordre public ; ce n'est pas la raison toute secondaire qu'elles ne régleraient parfois que des rapports entre particuliers, qui changerait leur caractère (1).

Non seulement les obligations d'accomplir le service militaire, de payer l'impôt sont des obligations légales, mais aussi celles qui dérivent des rapports de famille, du mariage, de la puissance paternelle ou de la tutelle. Ces obligations sont légales parce qu'elles dérivent de la loi ; si elles dérivent de la loi, elles intéressent forcé-

(1) Cf. Aubry et Rau, t. V, p. 155, note 1 ; Garsonnet, t. III, p. 455, *Revue pratique, op. cit.*, p. 424. — *Contrà* : Massin, *op. cit.*, p. 392.

ment l'ordre public. Elles doivent être exécutées de la manière que la loi a déterminée.

Nous disions en parlant des obligations conventionnelles que, bien que le désir de la loi fût de les voir exécutées en leur forme et teneur, il y avait pourtant des cas où elle se contentait d'un équivalent, c'est précisément ceux prévus par l'article 1142 tel que nous l'avons expliqué. Une fois l'inexécution acquise, le seul pouvoir du juge est de condamner à des dommages-intérêts réglés par la loi elle-même.

Ces dommages-intérêts doivent être payés, et l'ordre public est intéressé à ce que les décisions des tribunaux ne demeurent pas sans exécution. Mais voilà tout ce que réclame l'ordre public ; il veut simplement une sanction, et cette sanction est indiquée dans l'article 1142.

Mais les droits de famille ne sont pas l'exercice d'une obligation conventionnelle de faire, ils se dérobent à l'article 1142. Nous n'en voulons pour preuve qu'une seule raison, c'est que si on appliquait cet article aux obligations légales, on devrait forcément au cas de refus d'exécution les convertir en dommages-intérêts. Cette conversion serait leur ruine même ; les dommages viendraient prendre la place de l'obligation, et anéantiraient celle-ci, de sorte que la loi serait violée. Nous reviendrons sur ce point.

Les obligations légales ne pourront donc jamais se résoudre. Le législateur a fixé leur mode d'exécution,

et a établi certaines règles dans un but d'intérêt général ; on ne peut les éluder ou transiger avec elles ; l'Etat
ne saurait se désintéresser des questions qui touchent
à la constitution de la famille. Il doit veiller à ce que
les citoyens se conforment aux principes qu'il a lui-
même posés, et réprimer les moindres écarts.

L'ordre public, c'est-à-dire la sécurité de tous, la
sécurité et par conséquent l'existence de l'Etat lui-
même, est intimement lié au bon fonctionnement des
institutions dont nous parlons ; il commande impérieu-
sement aux volontés privées.

Il aurait fallu dès lors, eu égard à la gravité des intérêts en jeu, que la sanction fût très sévère pour violation de semblables obligations.

« En 1804, l'exécution forcée des obligations en nature, quand elle était licite, était généralement efficace.
Il était bien difficile d'échapper à l'exécution des obli-
tions légales *manu militari* ; l'étendue du territoire
français n'était pas telle qu'on ne pût parvenir à retrou-
ver une femme qui avait abandonné son mari, des
enfants qu'on détenait illégalement. Rien à cette époque ne contribuait donc à rendre la lacune de notre
législation assez manifeste pour qu'on songeât à la
combler. Depuis ce temps, les relations internationales
se sont développées, à tel point que la police française
est souvent impuissante ; la femme attendra hors de
France et emmènera les enfants en pays étranger ;
puis le relâchement des liens de famille, la répugnance

de plus en plus vive des juges à recourir à la force brutale en ces sortes de litige, ont contribué à rendre cet état de choses plus pénible. Que faire donc ? Les dommages-intérêts proportionnés au préjudice pécuniaire pourraient être dérisoires quant à leur taux comparé à l'intérêt moral en jeu, en sorte qu'il est vrai de dire que la justice est désarmée ; d'une part, la gravité des intérêts en jeu, d'autre part, le dépit qu'engendre l'impuissance, ont conduit la jurisprudence à légiférer sévèrement en notre matière, et s'aidant d'une autorité prétorienne elle a bâti pièce à pièce un édifice contre ce danger social » (1).

Les astreintes ont donc été employées par les tribunaux pour tenter de vaincre la résistance aux lois ; la nécessité d'une répression sévère était d'autant plus impérieuse que généralement le préjudice éprouvé était simplement moral ; or, bien souvent la jurisprudence s'est refusée à admettre la réparation d'un semblable préjudice.

Quelques mots d'abord de la puissance paternelle. La loi a reconnu au père certains droits sur ses enfants, et notamment le droit de correction.

Voilà donc un cas où le législateur ne craint pas d'avoir recours à des mesures violentes exercées contre la personne ; de même si l'enfant déserte le toit paternel, on pourra l'y ramener de force.

(1) V. Meynial, *op. cit.*, p. 421.

L'article 1142 ne s'applique donc pas ici, et il est bien évident qu'on ne peut songer à accorder au père des dommages-intérêts.

Pour l'abandon du domicile conjugal, la jurisprudence a varié. Longtemps elle a admis l'emploi de la *manus militaris* pour faire réintégrer à la femme le domicile conjugal.

Mais ce moyen est la plupart du temps inefficace, à moins de reconnaître au mari le droit de séquestrer sa femme ; or, tenir ainsi la femme en chartre privée serait la soumettre à une véritable contrainte par corps, et la contrainte par corps n'est possible que dans les cas exprimés par la loi (art. 2063).

Nous croyons que théoriquement l'emploi de la *manus militaris* doit être admis ; du moment qu'il s'agit d'obtenir l'exécution d'une obligation légale, l'article 1142 doit être écarté ; or rien n'empêche alors de recourir à ce moyen pour obtenir satisfaction ; la femme était libre de ne pas contracter mariage ; une fois ce mariage contracté, elle doit se conformer aux règles établies ; et en droit, si elle abandonne le domicile conjugal, elle peut y être ramenée de force ; pratiquement toutefois la force publique employée dans ces circonstances donnera très rarement un résultat. La jurisprudence la plus récente l'a compris (1). Nous préférons un autre moyen : l'obligation imposée au mari de four-

_____________

(1) Aix, 22 mars 1884, S. 84.2.93.

nir à sa femme tout ce qui lui est nécessaire pour les besoins de la vie est corrélative de l'obligation dont est tenue la femme d'habiter avec son mari ; si elle s'y refuse, le mari est en droit de lui refuser de son côté les choses nécessaires à la vie, il ne les lui doit qu'au domicile conjugal. Il ramènera ainsi quelquefois la femme en la prenant par la famine (1).

Ce moyen n'atteindra pas toujours son but ; la femme peut être séparée de biens contractuellement ou judiciairement, recevoir des subsides de sa famille ou d'un étranger.

La jurisprudence a employé d'autres moyens ; nous n'insisterons pas sur la saisie des revenus de la femme ou sur le séquestre de ses biens. Elle se verra ainsi couper les vivres, ce qui la forcera indirectement de rentrer au domicile conjugal.

Nos tribunaux ne se sont pas contentés de priver la femme de ses revenus ; ils ont fait servir les astreintes qu'ils avaient imaginées pour d'autres cas, comme moyen suprême de vaincre la résistance de la femme (2).

La femme récalcitrante sera condamnée à tant par jour de dommages-intérêts envers le mari, tant qu'elle n'aura pas réintégré le domicile conjugal.

Que sont ces dommages-intérêts ? ils sont accordés à titre de peine, car n'oublions pas que la jurisprudence

---

(1) Paris, 22 janv. 1887, S. 91.1.466 ; Dijon, 21 janv. 1891, D. 91.2.349.
(2) Cass., 26 juin 1879, S.79.1.176.

tient rarement compte du préjudice moral ; ici le préjudice pécuniaire est souvent à peu près nul.

Le préjudice moral peut d'ailleurs ne pas exister ;
quelle singulière façon pour le mari de se consoler de
la perte de sa femme, en recevant son argent !

La pratique a encore employé les astreintes au cas de
refus de l'un des époux de restituer à l'autre époux
les enfants dont celui-ci a obtenu la garde à la suite d'un
jugement de divorce ou de séparation de corps.

Fait curieux, les tribunaux qui pendant longtemps
n'ont pas hésité à employer la *manus militaris* pour
faire réintégrer à la femme le domicile conjugal, se montrent ici beaucoup plus circonspects ; pourtant dans le
premier cas, il s'agissait d'opérer une violence sur la personne même du débiteur ; il suffit simplement dans le cas
qui nous occupe d'écarter l'époux ou le tiers, qui par sa
conduite s'oppose à l'exécution du jugement. Il est certain qu'on ne peut plus parler de puissance paternelle,
l'individu, quel qu'il soit, qui détient illégalement des
enfants, ressemble à celui qui ayant accordé une servitude de passage sur son fonds, se mettrait au milieu du
passage pour empêcher l'exercice de cette servitude.

Une fois l'époux ou le tiers écarté, on se trouve en présence de l'enfant sur lequel on peut agir militairement.
Cependant les tribunaux ont hésité à ordonner la restitution des enfants *manu militari*, alors même que leur
résidence était connue, et qu'il eût été facile d'en obte-

nir par ce moyen la restitution. Ils ont préféré agir indirectement sur la personne du détenteur en le condamnant à des dommages-intérêts exagérés (1).

Cette exagération est surtout manifeste dans un procès très célèbre, qui a passionné longtemps le monde
juridique, c'est le procès de Beauffremont.

La séparation de corps avait été prononcée entre le
prince et la princesse de Beauffremont, à la requête de
la princesse (2) qui s'était fait ensuite naturaliser à
l'étranger et s'y était remariée du vivant de son mari ;
mais la naturalisation et le mariage attaqués devant les
tribunaux français par ce dernier lui avaient été décla-
rés inopposables (3). La garde des enfants avait été
confiée à la mère par l'arrêt de séparation. Après la
naturalisation à l'étranger et le second mariage de la
princesse de Beauffremont, le prince demanda que
cette garde lui fût rendue. Un jugement du tribunal de
la Seine, rendu à la requête du prince de Beauffremont,
le 30 mars 1876, ordonna à la princesse de restituer les
enfants à leur père, qui devait les placer au couvent du
Sacré-Cœur de Paris, et ce sous peine de saisie de ses
revenus avec séquestre. La Cour de Paris, par arrêt du
7 août 1876, rendu sur appel de la princesse, réforma
le jugement quant à la sanction, et condamna la prin-

(1) Cass., 25 mars 1857, S. 57.1. 267 ; Nancy, 25 janvier 1873, D.
73.2.11.

(2) Paris, 1er août 1874, D. 76.1.407 ; Req., 3 fév. 1875, D.76.1.465.

(3) Paris, 17 juillet 1876, D. 78. 2. 1 ; Civ. rej., 18 mars 1878, D. 78.
1. 201,

cesse à restituer les enfants dans la quinzaine sous
peine de 500 francs de dommages-intérêts par jour de
retard dans le premier mois et de 1000 francs dans le
second (1). Puis par un arrêt du 13 février 1877, elle
décida qu'en présence de la résistance de la princesse
qu'il importait de vaincre, il y avait lieu de continuer
d'appliquer la sanction de 1000 francs de dommages-
intérêts par jour de retard, jusqu'à la majorité des
enfants. C'est en vertu de cet arrêt que le prince de
Beauffremont saisit et fit vendre le domaine de Ménars,
estimé à un million, et son mobilier d'environ 300.000 fr.
L'intervention de la justice belge, à laquelle le prince
demanda, sans l'obtenir, l'autorisation de faire exécuter
l'arrêt de la Cour de Paris, permit seule à la princesse
de sauver les restes de sa fortune.

La Cour de Paris, dans son arrêt du 13 février 1877,
décidait:

« Qu'en présence de la résistance qu'il s'agissait de
vaincre, la justice devait d'autant moins hésiter à recourir à une contrainte pécuniaire d'une durée égale à
celle de l'obligation qu'il dépendait de la princesse d'en
prévenir et d'en arrêter les effets par sa soumission aux
ordres de la justice, qu'en réduisant à de simples dommages-intérêts la sanction que demandait le prince, il
convenait de la proportionner à la résistance de la princesse, au dommage à réparer, et à l'importance des revenus dont la saisie-arrêt était poursuivie. »

(1) D. 78. 2. 125.

Nous aurons plus tard l'occasion d'examiner le système de la jurisprudence. Qu'il nous suffise pour le moment de constater l'oscillation de nos tribunaux entre l'idée de contrainte et celle de dommages-intérêts, idées inconciliables, à notre avis, et absolument antipathiques l'une à l'autre. Mais nous réservons cette question.

On voit le résultat fatal de l'astreinte ; obéis, dit-on au débiteur, ou tu vas perdre toute ta fortune. C'était bien la peine de porter si haut le principe de la dignité humaine, de déclarer la personnalité inviolable, pour venir ensuite par un chemin détourné opérer sur la volonté et sur le libre arbitre d'un individu une contrainte qu'on n'aurait voulu à aucun prix exercer sur sa personne. L'exposé des motifs de l'article 1142 ne parle, il est vrai, que de la contrainte physique ; c'est qu'il ne pouvait pas prévoir qu'on tenterait, pour écarter l'article 1142, de se servir de moyens que réprouvent les lois ; au reste, l'article 1142 parle de la conversion en dommages-intérêts, et l'article 1149 nous apprend comment sont calculés ces dommages-intérêts.

Cette contrainte morale est aussi pénible peut-être que la contrainte physique ; jamais elle ne se lasse, elle annihile absolument toute liberté d'action chez le débiteur, véritable étau qui l'enserre, le débiteur n'en sera délivré qu'en demandant grâce, c'est-à-dire en exécutant son obligation.

Le caractère essentiel de l'obligation légale est de se perpétuer indéfiniment. Comment une femme pourrait-elle acheter à prix d'argent le droit de ne pas habiter le domicile conjugal, un époux ou un étranger le droit de conserver des enfants qu'il détient illégalement? C'est pourtant ce qui arriverait si on soumettait ces obligations à la règle de l'article 1142. Une obligation conventionnelle, qui entre dans les termes de l'article 1142, se résout en dommages-intérêts au cas d'inexécution, il en est tout autrement de l'obligation légale. Pour celle-ci, le seul moyen est donc de condamner à des dommages-intérêts suivant les règles de notre Code, sans que jamais il y ait résolution de l'obligation primitive. L'obligation est vraiment successive, et le débiteur a beau refuser d'exécuter, on n'a pas à tenir compte de son refus ; il ne peut être plus fort que la loi ; son retard pourra être l'occasion de dommages-intérêts, mais son refus ne changera en rien le caractère de l'obligation. La jurisprudence a donc eu raison ici de ne faire aucune distinction entre le refus et le retard. C'est un devoir pour le juge de ne pas condamner à des dommages-intérêts en bloc qui viendraient résoudre cette obligation.

Ce devoir imposé par la loi au juge tient au caractère de perpétuité de l'obligation légale, et nous avons essayé de démontrer qu'il ne faudrait pas en dire autant de certaines autres obligations conventionnelles. Une obligation de ne pas faire à laquelle on contrevient chaque jour, n'est pas plus successive qu'une obligation de faire que l'on ne remplit jamais.

Nous n'avons pas admis les dommages-intérêts par

jour d'inexécution. C'est une façon d'interprétation que n'autorise pas l'article 1142. Une fois l'inexécution constatée, la résolution en dommages-intérêts doit immédiatement se produire, sinon l'obligation de ne pas faire subsisterait toujours, ce que la loi n'a pas voulu.

Les obligations légales peuvent également naître des rapports entre le pupille et le tuteur ; c'est par exemple l'obligation pour le tuteur de rendre un compte de tutelle. Voilà encore une occasion pour nos tribunaux de se servir des astreintes contre un tuteur qui refuse de se soumettre à cette obligation.

2° *Obligations délictuelles.*— Nous assimilons les obligations délictuelles aux obligations légales. La loi punit les délits de certaines peines ; et il est possible que le délit engage aussi la responsabilité civile du délinquant. Le juge peut-il à l'avance prévoir un délit et le punir ? La jurisprudence l'a admis, dans certaines circonstances, notamment en matière de contrefaçon (1). Cette façon d'envisager la situation nous semble absolument contraire aux principes.

Il est interdit par la loi de contrefaire une marque de fabrique, et si la marque a été contrefaite, la loi elle-même a édicté certaines peines, prison et amende, sans préjudice de dommages-intérêts, s'il y a lieu.

Les tribunaux ne sont pas allés jusqu'à punir d'une sanction délictuelle la défense qu'ils auraient prononcée

(1) Paris, 29 déc. 1852, D. 53. II. 163 ; Montpellier, 30 avril 1849, *J. Pal.*, 50. 1. 337.

de faire usage à l'avenir d'une marque de fabrique ; mais ils ont prévu la sanction civile : nous ne comprenons pas bien ce défaut de symétrie. Si le délit n'existe pas encore, on ne peut, suivant nous, le prévoir et le sanctionner, pas plus civilement que correctionnellement. On ne peut que réprimer le délit consommé.

Cependant la jurisprudence emploie fréquemment ces procédés ; nous reconnaissons que l'on ne pourrait condamner en bloc, c'est-à-dire transformer l'obligation légale de ne pas contrefaire une marque de fabrique en une somme de dommages-intérêts appréciée une fois pour toutes.

Nous le répétons, nul ne peut acheter à prix d'argent le droit de violer la loi. La condamnation civile doit donc être successive ; elle doit attendre pour se prononcer que la contravention ait eu lieu. Au surplus, apprécier ainsi à l'avance le préjudice, c'est se déclarer bien vite impuissant à réprimer un délit, puisque la loi a donné tous moyens pour faire cesser la concurrence déloyale, tels que confiscation ou saisie des objets ; pourquoi dès lors supposer que la contravention continuera à se produire, alors qu'il est du devoir de la justice de la faire cesser. Si plus tard, elle se reproduit, une nouvelle action naîtra au profit de la victime.

Réprimer les délits, voilà la mission du juge, mais les prévoir et les punir à l'avance, et attacher de la sorte une sanction à l'accomplissement futur d'un fait illicite, c'est faire preuve d'une prévoyance un peu excessive,

en admettant de la part de l'agent coupable la possibilité d'une récidive qu'il eût été assez à temps de punir, lorsqu'elle se serait produite. Le législateur seul
peut d'une façon générale et absolument impersonnelle
édicter des peines pour les délits qu'il prévoit, mais rien
n'autorise un juge, sous prétexte qu'un délit a été commis par une personne, à supposer pour l'avenir la re-
production de ce même délit. Il vaut mieux croire que
le délinquant s'abstiendra désormais ; cette conception
est plus en harmonie avec la sagesse et la modération
dont ne doit jamais se départir la justice.

Nous ne revenons pas sur les critiques formulées contre les condamnations *in futurum* ; mais en dehors de
ces considérations, nous ne pouvons admettre à un
autre point de vue de semblables procédés : si un tribunal édicte une peine contre un individu, pour le cas où
il commettrait tel délit, c'est qu'il suppose cet individu
capable d'accomplir ce délit ; or ces menaces, ces soup-
çons à l'égard d'une personne déterminée ne seraient
pas justifiés par le fait même que la partie aurait commis le délit une première fois ; nous n'approuvons pas
cet esprit de défiance, cette attitude soupçonneuse de
la part des juges ; nous estimons que cette condamnation éventuelle est blessante pour l'honneur de la partie
menacée.

A la rigueur on conçoit qu'une partie stipule d'une
autre une somme pour le cas où cette dernière commettrait un acte contraire à la loi ou aux bonnes mœurs ;

une pareille condition d'après la majorité des auteurs (1)
n'est jamais immorale ; peut-être cette opinion est-elle
un peu excessive au cas où le stipulant ne serait nullement lésé par cet acte *contra leges vel bonos mores*.
Quoi qu'il en soit, ici le promettant a agi de lui-même (2)
il pouvait ne pas promettre ; tandis que le jugement
vise directement une partie sans qu'elle ait donné son
consentement ; nous le répétons, il y a là un soupçon
injurieux qui ne doit pas être toléré.

Maintenant que nous avons étudié les obligations
légales et les obligations délictuelles, il nous sera plus
facile de mettre en lumière les solutions que nous avons
adoptées en matière conventionnelle ; elles sont bien
différentes. Nous allons pour plus de clarté, raisonner
sur des exemples :

1° Un individu s'est engagé à jouer sur un théâtre. Il
ne joue pas. Ne pourrait-on pas dire : chaque fois qu'il
ne joue pas, il y a préjudice et préjudice nouveau, il y
a infraction à l'obligation de faire ; le préjudice est donc
successif. Cependant personne n'a soutenu ce raisonnement ;

2° Ce même individu s'est engagé à ne pas jouer sur
une scène et il joue ; chaque fois qu'il joue, il y a préjudice et préjudice nouveau.

La condamnation doit être successive même en pré-

____

(1) V. Bufnoir, *Théorie de la condition*, p. 35.
(2) Papinien, L. 121, § 1, Dig., *de verborum oblig.*, XLV, 1.

sence d'un refus d'exécution, qui se caractérise par le
fait de jouer, tandis que, dans le premier cas, elle doit
être définitive, car il y a refus d'exécution qui se caractérise par le fait de ne pas jouer.

Ce sont là, pour nous, deux choses absolument iden-
tiques. Si l'on voit dans l'infraction à cette obligation
de ne pas faire une série successive de contraventions,
pourquoi n'en serait-il pas de même dans une obligation de faire. Un acteur qui ne joue pas alors qu'il l'a
promis peut aussi bien revenir sur sa décision qu'un
acteur qui joue quand il s'est interdit de le faire. Le
préjudice n'est pas plus successif dans un cas que dans
l'autre. Ce que les parties ont voulu, c'est que le contrat
primitif fût exécuté. Il ne l'est pas, il y a refus catégorique d'exécution. Immédiatement l'obligation doit être
convertie en dommages-intérêts.

On a trop l'air de considérer le contrat comme se
décomposant à plaisir. On ne saurait comparer une
deuxième violation du contrat à une récidive en matière pénale ; c'est toujours le contrat primitif qui est
violé. En matière pénale, l'ordre public lui-même est
intéressé. Il faut le délit pour appeler la peine.

En matière de contrat, la violation a lieu dès que le
débiteur manque à ses engagements. On dit : mais si je
joue une seule fois (obligation de ne pas faire), le préjudice est moins grand que si je joue mille fois. Nous ré-
pondrons d'abord qu'on devrait logiquement aussi dire
ceci : si je manque une seule fois à mon obligation de

jouer, le préjudice sera moins grand que si j'y manque mille fois (obligation de faire).

La vérité nous paraît être que le tribunal ne peut faire autre chose que de résoudre l'obligation en dommages-intérêts définitifs (art. 1142). Qu'il se réserve un délai pour condamner définitivement, et cela afin d'apprécier plus exactement le préjudice il aurait ce loisir. Ce système peut paraître radical, mais il s'impose. Au reste, s'il en était autrement, le tribunal ne pourrait jamais savoir le nombre de fois qu'il y aurait contravention à l'engagement ; l'obligation ne serait jamais résolue. L'article 1142 serait manifestement violé ; il n'a jamais parlé de ces obligations soi-disant successives et ne crée entre les obligations de faire ou de ne pas faire aucune différence. Rien ici ne s'oppose à ce que le débiteur achète à prix d'argent le droit de violer son obligation.

Le secret espoir du tribunal est, croyons-nous, toujours d'arriver à l'exécution en nature, mais si cette exécution est également le vœu de la loi, il y a un moment où il est nécessaire que la résolution en dommages-intérêts s'opère, c'est le moment où le refus est constaté par justice. Le système que nous soutenons a l'avantage considérable de ne pas laisser s'éterniser les procès, ce qui aurait lieu dans la théorie contraire.

On ne s'est pas contenté d'appliquer cette idée de contrat successif aux obligations de ne pas faire régies par l'article 1142. Ainsi un individu s'est engagé à ne pas exercer de commerce ; on reconnaîtrait aux tribunaux le droit de condamner à tant par jour tant que le commerce existera.

Cette solution nous paraît défectueuse. Tout d'abord, pourquoi n'ordonnerait-on pas la fermeture de la maison de commerce : il ne s'agit nullement ici d'exercer une contrainte sur la personne. Nous avons décidé que toutes les fois qu'il était possible, sans violer l'article 1142, d'obtenir l'exécution en nature de l'obligation, le tribunal devait l'ordonner. La jurisprudence se réserve cependant le droit suivant les circonstances d'ordonner ou non l'exécution en nature ; et certains auteurs approuvent en partie la jurisprudence. On a même soutenu que l'astreinte n'existait pas dans les obligations de ne pas faire, à cause du renouvellement du préjudice (1). Ce n'est pas une raison suffisante, à notre avis, pour dire que l'astreinte ne peut exister, car à côté du préjudice peut fort bien figurer la peine.

Mon voisin s'est engagé à ne pas bâtir un mur qui me masquerait la vue, et il l'a bâti ; ou bien encore à ne pas construire de maison, et il l'a construite ; personne ne doute que je n'aie le droit de me faire autoriser à détruire ce qui a été fait par contravention à l'engagement, de faire abattre le mur, de faire démolir la maison.

Mais voici où l'hésitation commence : prenons un cas

(1) Meynial, *op. cit.*, p. 454.

qui s'est présenté et que nous avons déjà rapporté, c'est celui du boulanger qui continue d'exercer sa profession au mépris d'un contrat par lequel il s'interdisait de le faire (1).

« Attendu que M... ne s'est pas interdit d'avoir un four pour son usage particulier ; que, PAR CE MOTIF, la destruction du four ne pourrait être ordonnée...», dit le jugement.

Donc, *a contrario*, si le four avait seulement servi à cuire le pain des clients, le tribunal en aurait pu ordonner la destruction, mais par le fait seul que le fournier s'en sert pour faire cuire son pain, on ne peut plus rien contre ce four. La solution nous paraît douteuse, car en somme, le fournier a contrevenu à son obligation ; qu'importe qu'il ne se soit pas interdit de cuire le pain pour lui-même ? Certes, s'il s'était contenté de cuire le pain pour lui, il était dans son droit, mais il a fait un four dans lequel il a fait cuire d'autres pains que le sien, il a manqué à son obligation de ne pas faire ; il est juste de lui faire subir les conséquences de sa mauvaise foi. Quelque parti que l'on prenne sur cette question, il est un point certain, c'est le suivant : si le vendeur s'était également interdit de cuire du pain pour lui-même, le four eût pu être abattu.

Voici maintenant un marchand de vins qui, en vendant son fonds de commerce, s'interdit de faire ce com-

_________

(1) V. *suprà*, p. 64.

merce dans un certain rayon. Malgré ses engagements,
il reprend une boutique de marchand de vins. Il a
manqué à son obligation de ne pas faire ; il tombe sous
le coup de l'article 1143. Pourquoi n'appliquerait-on
pas ici la même solution qu'au cas du four, car nous
n'imaginons pas qu'on veuille prétendre que la boutique ne peut être fermée, parce que le vendeur ne s'est
pas interdit d'avoir du vin pour lui-même (1).

Les tribunaux ordonnent bien la fermeture de la boutique, mais immédiatement ils condamnent à des dommages-intérêts pour le cas où cet ordre ne serait pas
exécuté ; pourquoi cet aveu d'impuissance ? Est-il donc
impossible d'obtenir ici satisfaction en nature ? C'est
capituler bien vite devant la mauvaise foi du débiteur.
On comprend à merveille la répugnance des tribunaux
à faire détruire des ouvrages ou des objets d'une utilité
incontestable, mais est-il donc nécessaire pour obtenir
satisfaction de saccager la boutique du vendeur ? Nullement. Il suffit de faire fermer cette boutique ; quoi de
plus juste et de plus rationnel ; il n'y a pas d'atteinte à
la liberté du débiteur.

Il peut très bien arriver que même des dommages-
intérêts considérables ne remplacent pas pour un individu la situation qu'il aurait pu se créer comme commerçant. Cette raison serait un motif de plus pour
ordonner l'exécution en nature.

_______

(1) Arrêts précités.

Voilà donc comment nous comprenons l'application des articles 1142, 1143, 1144 du Code civil. Nous voyons que les obligations légales et les obligations délictuelles ne peuvent être soumises aux règles de droit commun. Elles touchent à l'ordre public ; les premières doivent être exécutées comme la loi l'a voulu, et si l'emploi de la *manus militaris* était efficace, il devrait être admis ; si l'emploi est impossible (il peut se faire que des enfants aient été emmenés à l'étranger, et que l'on n'accorde pas l'exequatur),les dommages-intérêts ne peuvent jamais être accordés en bloc. Quant aux obligations délictuelles, il faut attendre le délit pour prononcer la peine.

### SECTION III. — Illégalité des astreintes.

**§ 1. — Du caractère comminatoire de l'astreinte. — Ancienne pratique des liefs de comminatoire.**
**De l'atteinte au principe de l'autorité de la chose jugée.**

L'astreinte actuelle avec son caractère de menace ou de peine était complètement inconnue de l'ancien droit. Toutefois certaines pratiques étaient en usage, qui semblent avoir quelque peu inspiré notre jurisprudence. L'étude de ces pratiques se comprendra mieux, maintenant que nous connaissons le fonctionnement de l'astreinte ; elles sont peut-être les sources très lointaines d'une théorie qui n'a pris naissance qu'au début de ce siècle et qui n'est arrivée du reste que fort longtemps après au degré de perfection que nous lui connaissons aujourd'hui.

Nous voulons parler des jugements comminatoires de Bretagne et des arrêts de règlements. Nous ne traiterons dans ce paragraphe que de la première pratique.

Ces jugements comminatoires de Bretagne étaient rendus dans des circonstances toutes particulières. Les juges condamnaient une partie « dans l'état, faute d'avoir prouvé, faute d'avoir produit telle pièce, quant à présent ». Ces formules supposaient ou annonçaient que si telle pièce avait été produite, telle preuve faite, l'affaire jugée dans d'autres circonstances, le jugement ou l'arrêt eût été différent et qu'il n'avait été rendu qu'en vertu de la règle « *actore non probante, reus absolvi debet* ».

Si dans la suite la partie repoussée par le premier jugement parvenait à se procurer la preuve ou à recouvrer la pièce qui lui avait manqué, elle pouvait, dans les trente ans requis pour faire concourir la péremption avec la prescription, revenir devant les mêmes juges par une action qu'on appelait en « lief de comminatoire » et le premier jugement était alors censé non avenu, les parties remises au même état qu'elles étaient auparavant et l'affaire soumise de nouveau à la décision des mêmes juges.

On peut s'étonner de rencontrer dans notre droit

un pareil formalisme et l'emploi de termes sacramentels. La décision des juges ne pourra même plus être
interprétée. Si la formule voulue n'a pas été employée,
la condamnation sera nécessairement comminatoire.
Nous lisons au répertoire de Guyot un exemple curieux
de ce formalisme exagéré (1) :

« Il faut que le jugement dise « en vertu du présent
jugement et sans qu'il en soit besoin d'autre, la partie
sera déchue ». Quelques praticiens observent que s'il est
dit : en vertu du présent jugement la partie demeurera
déchue, la déchéance est dès lors acquise, quand même
il ne serait pas ajouté et sans qu'il soit besoin d'autres.
L'expression « demeurera déchue », a, selon eux, une signification plus marquée que celle de sera. Cette obser-
vation paraît juste, parce qu'il est dit que la partie
demeurera déchue en vertu du présent jugement ; c'est
annoncer qu'effectivement, il n'en faut pas d'autre. »

Cette jurisprudence prit naissance en Bretagne au
commencement du siècle dernier.

Le chancelier d'Aguesseau en fut averti par un magistrat « zélé pour la pureté des principes » ; il répondit
à ce magistrat dans une lettre (2) qu'il avait raison de
s'opposer aux progrès d'une jurisprudence dont l'effet
eût été d'effacer la différence essentielle entre les arrêts
interlocutoires et les arrêts définitifs.

« Qu'ordonner avant faire droit qu'une partie repré-

_______

(1) Guyot, *Rép. jurispr.*, t. IV, p. 80.
(2) *Œuvres* d'Aguesseau, t. X, p. 373.

sentera le titre en vertu duquel elle se prétend héritière, donataire ou propriétaire à quelque titre que ce soit, des biens qui font le sujet de la contestation, faute de quoi, elle sera déchue de ses prétentions, c'est rendre un arrêt interlocutoire, mais la déclarer déchue ou non recevable faute par elle d'avoir rapporté son titre, c'est prononcer un jugement définitif, contre lequel les seules ressources seront l'appel si le jugement a été rendu en premier ressort et la requête civile, s'il a été rendu en dernier ressort et que la pièce ait été retenue par le fait de la partie. »

Ces jugements dits comminatoires ne pouvaient acquérir l'autorité de la chose jugée, et celui qui les avait obtenus demeurait malgré lui exposé à voir renouveler un procès déjà terminé par un jugement ou même par un arrêt sans aucun moyen de sortir d'une incertitude qui ne cessait que par le temps nécessaire pour la prescription.

Malgré la réponse de d'Aguesseau, le Parlement de Bretagne consacra sa jurisprudence par arrêt de règlement du 13 juillet 1740 qui décida que, lorsqu'un jugement ne déclare héritier pur et simple que faute d'avoir mis au procès les pièces qui établissent la qualité d'héritier bénéficiaire, on ne peut pas en espérer la reformation, en produisant les pièces dans l'instance d'appel, et la sentence doit être confirmée, sauf à lever le comminatoire dans la juridiction où il a été rendu (1).

(1) *Journal du Parlement de Bretagne*, t. III, ch. 50, p. 250.

Cette jurisprudence fut réprouvée par la Cour de cassation. Le savant procureur général Merlin, portant la parole devant cette Cour le 28 juin 1808, demandait si c'était sérieusement qu'on avait dit qu'on peut revenir contre un jugement en dernier ressort, en produisant le titre dont l'absence a motivé la disposition. Les lois les plus positives déclarent le contraire : *sub specie novorum instrumentorum postea repertorum, res judicatas restaurari exemplo grave est*, loi 4, Code *de re judicata*, 7, 52. L'article 34 du titre 35 de l'ordonnance de 1667, consacré par l'article 480 du Code de procédure, fait taire tous les doutes, lorsqu'il exige pour l'emploi de la requête civile que ces pièces aient été retenues par le fait de la partie.

Un arrêt de la Cour de Paris du 20 janvier 1806 consacrait ces principes : des lettres n'avaient pas été enregistrées et dès lors on n'avait pu en tenir compte au procès; plus tard on les enregistre et on demande à lever le comminatoire. La Cour refuse, en disant qu'on ne peut se jouer ainsi de la chose jugée (1).

« L'autorité de la chose jugée est la base la plus sacrée de l'ordre social ; toutes les considérations doivent se taire devant elle et si le magistrat, entraîné par un sentiment d'équité, se permettait de souffrir qu'il y fût porté atteinte, quel est dit M. Merlin, le citoyen qui ne dût trembler de voir s'écrouler autour de ses pro-

______

(1) Merlin, *Nouv. rép. succ.*, p. 436 de la 3e édition.

priétés la barrière dont les environnent les jugements qui les ont consacrées ? Quel est l'homme qui pût compter encore sur les titres les plus respectables de son existence civile ? »

L'équité, c'est le « fantôme respectable » qu'on invoque pour critiquer la loi et s'en écarter.

Mais l'équité doit céder devant le principe supérieur de l'autorité de la chose jugée (1).

Ainsi le voulait déjà la loi romaine.

« Judex posteaquam semel sententiam dixit, postea judex esse desinit. Et hoc jure utimur, ut judex qui semel, vel pluris, vel minoris condemnavit amplius corrigere sententiam suam non possit : semel enim male seu bene officio functus est (2). »

Les lois qui défendent aux juges de rétracter et de corriger les jugements définitifs ont été « naturalisées » en France, et il ressort des principes mêmes sur l'organisation de nos tribunaux, et des règles générales de notre droit qu'une décision définitive dessaisit un tribunal, sauf le cas de requête civile. Il y aurait un véritable déni de justice à refuser de statuer sous prétexte que telle pièce n'a pas été fournie au procès, ou à condamner mais en retenant la connaissance de l'affaire, si la pièce est produite (art. 4, C. civ.). Quant à la violation de la chose jugée, elle est évidente. Car nulle

_______

(1) Toullier, t. 10, n° 126 ; Carré, *Théorie des lois de l'organisation judiciaire de la compétence des juridictions civiles*, p. 312.

(2) Ulpien, l. 55, Dig. *de re judicata*, 42, 62.

part, un texte n'autorise à revenir sur un jugement définitif, et à employer les formules sacramentelles que nous avons citées.

Cependant ce sentiment d'équité semble avoir tourmenté quelques esprits : c'est par suite de ce sentiment que la loi de procédure du canton de Genève admettait dans certains cas l'action en revision.

« Attendu, dit M. Bellot (exposé des motifs, p. 175), qu'il semble juste que la loi prête son appui à celui qui aurait été dans l'impossibilité de produire à temps des pièces décisives, soit par l'interruption du territoire, soit par l'éloignement des lieux... » (1).

Peut-être, dit M. Carré, conviendrait-il de faire pour ces cas particuliers des cas d'ouverture à requête civile, mais dans l'état actuel de la législation, qui n'admet cette voie extraordinaire que dans le cas où la pièce a été retenue par le fait de la partie adverse (C. proc. civ., art. 480-1°), et il est évident qu'on ne peut revenir contre le jugement en représentant la pièce dont l'absence aurait motivé la condamnation de l'une des parties.

Après avoir longtemps persisté dans ses errements, le parlement de Bretagne est revenu aux vrais principes dans deux arrêts du 2 mars 1818 et du 22 janvier 1822 (2).

On a dit (3) que Merlin approuvait ces décisions comminatoires :

(1) V. Carré, *op. cit.*, *suprà*, p. 137.
( 2) D. *Rép.*, V° *Chose jugée*, n° 384 et suiv.
(3) Motifs, pourvoi en cassation, 24 janvier 1865, S. 65.1.84.

Un pourvoi en cassation, entre autres motifs pour
faire déclarer que la condamnation encourue par les
demandeurs en cassation, n'était que comminatoire,
se basait sur ce motif que le jugement ne renfermait
rien indiquant que la peine était encourue en vertu
même du jugement, et sans qu'il soit besoin d'autres.
Cette opinion, disait-on, est celle de Merlin ; ce qu'il dit
de la déchéance d'un droit s'applique sans nul doute à
la peine consistant dans le paiement d'une certaine
somme par chaque jour de retard : la même règle doit
être suivie à plus forte raison dans ce dernier cas où la
peine s'accroît de jour en jour et peut atteindre des proportions considérables.

Malheureusement, comme l'ont fait remarquer les défendeurs en cassation, la doctrine invoquée de M. Merlin
au mot « clause comminatoire » n'est pas de cet auteur.
Elle est empruntée au répertoire de Guyot. Comment,
dit-on très justement, M. Merlin aurait-il admis une pareille théorie, lui qui, nous l'avons vu, comme procureur général défendait si énergiquement devant la section civile le 28 juin 1808 le principe de la chose jugée
contre des prétentions analogues à celles du pourvoi (1).

Il faut reconnaître que nous voilà assez éloignés de la
théorie des astreintes, au moins en apparence. Nous ne
voyons nullement parler de menace ou de peine, et la
dénomination de comminatoire (*de comminari*, mena-

____
(1) Merlin, *Rép.*, V° *Succession*, sect. 1ʳᵉ, § 2, art. 3, p. 675.

cer) est assez impropre, certains la trouvent même un peu barbare. Comminatoire veut simplement dire ici provisoire. Mais il ne suffit pas de voir les résultats d'une théorie pour en connaître les causes premières, en quelque sorte l'histoire (1).

Le caractère dominant des astreintes, ou du moins celui qui a dominé longtemps, est la faculté pour le juge de revenir sur sa décision ; n'est-ce pas également le caractère des jugements comminatoires de notre ancien droit ; et n'est-il pas permis de supposer que les juges du commencement de ce siècle ont subi peut-être malgré eux l'influence d'une pratique qu'ils repoussaient.

Les décisions comminatoires, a-t-on dit, et nous le croyons bien volontiers, sont un souvenir malheureux de l'ancien droit ou plutôt de l'ancienne jurisprudence du Parlement de Bretagne (2).

Actuellement un texte existe, qui parle de dispositions comminatoires pour les prohiber. C'est l'article 1029 du Code de procédure. Cet article ne parlant que des solutions données par le Code de procédure, on ne peut en tirer directement argument pour repousser les décisions comminatoires des tribunaux. Mais il ne faudrait pas non plus raisonner en tirant de ce texte un argument *a contrario*, et dire que, puisque le

(1) Cf. Toullier, *op. cit.*, p. 168.
(2) Cf. Toullier, *op. cit.*, n° 121, et conclusions des défendeurs en cas- • sation d'un jugement du 24 janvier 1865, S. 65.1.84, p. 85, 2ᵉ colonne,

texte de l'article 1029 est particulier aux dispositions du Code de procédure, rien ne s'oppose à ce que les tribunaux prononcent des condamnations comminatoires, en dehors des cas prévus par l'article.

L'article 1029 ne parle que de déchéances prononcées par la loi elle-même ; on a voulu enlever aux juges la faculté qu'un long usage leur avait acquise de ne considérer dans bien des cas que comme comminatoires les nullités, amendes et déchéances prononcées par la loi (1).

Il est permis de douter, disait M. le premier président Lamoignon, lors des savantes conférences qui eurent lieu sur l'ordonnance de 1667 (2) si les meilleures lois sont celles qui laissent le plus ou celles qui laissent le moins à l'arbitraire du juge. Des grands hommes de l'antiquité ont été partagés sur cette question. Les uns voulaient que le principal soin du gouvernement fût de choisir des juges instruits et sérieux, et qu'après les avoir choisis tels, il leur laissât une grande liberté dans les jugements, parce que, étant comme des lois vivantes, les juges agiraient bien mieux pour la justice que des lois écrites qui sont inanimées.

D'autres soutenaient au contraire qu'il fallait laisser le moins de liberté qu'il se pouvait au juge, parce que la loi étant un esprit sans passion, décidait avec plus d'impartialité et de raison que les hommes ne pouvaient

____

(1) Comp. Huc, t. VII, p. 204 et suiv.
(2) V. Rozier, *Quest. sur ord. de* 1667, t. I, art. 1er, quest. 2.

le faire. C'est ce dernier motif qui a dicté l'article 1029 d'après lequel il n'est plus au pouvoir du juge de confirmer ou d'annuler un acte, de prononcer une amende ou d'en faire la remise, de déclarer une déchéance encourue ou d'en relever suivant que des circonstances ou des considérations particulières pouvaient l'y porter ; il ne doit à cet égard prendre conseil que de la loi, son office est borné à en faire l'application littérale sans qu'il puisse jamais en modérer ou en aggraver la rigueur. « Heureuse impuissance qui ne pourrait déplaire qu'à un juge ambitieux, voulant se faire une balance et un poids particulier pour chaque cause, mais dont l'effet salutaire est de donner nécessairement à la justice un cours libre et régulier (1). »

Nous pensons que, si le vœu de la loi est de soustraire autant que possible les décisions qu'elle prononce, à l'arbitraire du juge en leur enlevant leur caractère comminatoire; il ne doit pas être permis à celui-ci d'appliquer d'autres solutions aux dispositions qu'il édicte lui-même.

Cet argument par analogie n'est pas dépourvu de valeur, car il n'existe aucun texte de loi autorisant le juge à prononcer des condamnations comminatoires.

S'il est vrai que l'article 1029 a été quelque peu inspiré par l'idée qu'il était dangereux de laisser trop grande liberté aux juges, nous croyons que ce motif se

_______________

(1) *Journ. des avoués*, t. 77, p. 568.

rencontre encore avec plus de force quand le magistrat est absolument laissé à lui-même et que l'arbitraire est encore bien plus à redouter.

Beaucoup de textes, d'ailleurs, militent pour notre cause, l'article 4 du Code civil qui ne permet pas aux juges de refuser de statuer, l'article 1149 qui lui trace les limites dans lesquelles il devra se maintenir en accordant des dommages-intérêts ; enfin l'article 1351 du Code civil qui ne permet pas aux juges de revenir sur une décision qui a force de chose jugée.

Les décisions comminatoires interviennent actuellement dans les circonstances suivantes :

1° Un débiteur est en retard d'exécuter son obligation, ou même il refuse de l'exécuter. Le tribunal le condamne à des dommages-intérêts à tant par jour, pendant un certain délai, tant qu'il ne se conformera pas au jugement. La somme est fixée non à raison du dommage véritable qu'éprouve le créancier, mais basée sur la résistance injuste du défendeur ; elle est exagérée dans le but de vaincre cette résistance. La condamnation ainsi prononcée n'est pas définitive, c'est une menace.

Quand le délai fixé au débiteur est écoulé, le tribunal examine s'il a réellement contrevenu à la défense qui lui était faite. Il peut décider que les dommages-intérêts ne sont pas encourus, lorsque le débiteur a une excuse valable (1) ;

_________

(1) Douai, 5 décembre 1849, D. 50. 2. 66 ; Orléans, 3 décembre, 1859, D. 60. 2. 9.

2° Un jugement ordonne à une personne de faire une communication de pièces, une reddition de comptes, une production de documents dans un certain délai, à peine de déchéance ou de dommages-intérêts.

Cette justification, cette reddition de compte, cette production de documents peuvent, d'après la jurisprudence, être encore valablement effectuées après l'époque déterminée ;

3° La Cour de cassation a renouvelé les pratiques de l'ancienne jurisprudence de Bretagne. Elle permet de reproduire une demande ou une exception rejetée par le tribunal faute de preuve, si le juge a manifesté expressément ou tacitement son intention de ne statuer que quant à présent. Il a été décidé en ce sens que l'arrêt qui déclare le demandeur non recevable faute par lui de justifier de l'accomplissement d'une condition à laquelle son droit est subordonné, ou qui le déclare mal fondé, parce que, à défaut de cette justification, il n'a quant à présent aucun droit, ne fait pas obstacle à ce qu'un arrêt ultérieur reconnaisse que la preuve de l'accomplissement de la condition est rapportée et que le droit existe (1).

On s'accorde en général pour refuser aux tribunaux le droit de prononcer des dommages-intérêts comminatoires et exagérés ou même simplement comminatoires. Toutefois nous verrons plus loin que des théo-

_______

(1) Cass., 19 juin 1872, S. 72. 1. 435 ; S. 85. 1. 423 ; D. 86.1. 75.

ries ont été émises par de savants auteurs, qui justifient dans une certaine mesure la jurisprudence (1).

Sur la seconde manière des tribunaux de rendre des décisions comminatoires, deux opinions ont été émises.

La première consiste à voir dans les jugements qui rejettent une demande ou une exception pour le cas où telle preuve ne serait pas apportée dans un certain délai, de simples jugements ayant pour objet l'instruction de l'affaire.

Ils sont rendus avant le jugement définitif, ce sont des jugements interlocutoires. La décision signifie seulement que si la partie opère dans le délai prescrit la production demandée, cette production sera un élément d'information au procès, et que dans le cas contraire, la partie sera exposée à voir prononcer le jugement définitif, sans que le tribunal ait à examiner la preuve apportée tardivement (2).

Nous ne voyons pas très bien pourquoi un pareil jugement serait interlocutoire. Les jugements d'avant faire droit ne contiennent pas de condamnations. Or ici, il y a condamnation, et dès lors le jugement ne peut être que définitif. On comprend qu'un tribunal ait de justes motifs pour ne pas prononcer définitivement, mais alors qu'il fixe un délai pour la production de la pièce, sans prononcer immédiatement une condamna-

----

(1) V. Aubry et Rau, t. IV, p. 41 ; Meynial, *op. cit., infrà.*

(2) V. *Répertoire général de droit français,* V° *Chose jugée,* p. 80, t. XI. Cf. Larombière, art. 1351, n° 22.

tion. A quoi bon enfermer l'existence d'un droit dans
de certaines limites si les parties peuvent ne pas tenir
compte de cette fixation (1)? Cette deuxième opinion a
toutes nos préférences. Mais cette question à vrai dire
ne touche pas directement à notre sujet ; notre but n'est
pas de rechercher toutes les circonstances dans lesquelles la jurisprudence a pu employer les décisions comminatoires. Nous n'insisterons donc pas non plus sur la
jurisprudence nouvelle inaugurée par la Cour de cassation, qui restaure la vieille pratique des jugements comminatoires de Bretagne. Les auteurs sont à peu près
unanimes à reconnaître qu'une pareille jurisprudence
est vicieuse (2). Seul, M. Duranton (3) semble admettre
ces jugements. « Les jugements, dit cet auteur, ne doivent prononcer que quant à présent quand ils écartent
une partie comme non recevable, faute de justifier alors
d'une qualité qui lui serait nécessaire pour motiver sa
demande. »

On a vu les reproches auxquels se heurtait cette
théorie ; il est vraiment curieux que notre Cour de
cassation ait cru pouvoir les éviter en disant que « la
chose jugée n'a lieu qu'à l'égard de ce que fait l'objet du
jugement » (4).

---

(1) Serbire et Carteret, *Encyclopédie du droit,* t. IV, p. 588 et suiv. ;
Dalloz, *Rép. alph.,* V° *Chose jugée,* p. 381, n° 384.

(2) Griolet, p. 121, *Traité de la chose jugée,* Dalloz, *Rép.,* V° *Chose jugée,*
n°ˢ 89 et 219 ; Larombière, art. 1351, n° 25 ; Carré, *op. cit.,* p. 312 et s.

(3) Duranton, t. XIII, p. 506.

(4) D. 72.1.461.

Il nous semble qu'il est bien dangereux de tenir un pareil langage ; car les pièces qui n'ont pas figuré au procès n'ont pu faire l'objet du jugement. Nous avons bien peur que, sous couleur d'équité, la Cour de cassation ne se soit laissée entraîner à des solutions fâcheuses pour le cours normal et le fonctionnement régulier d'une bonne justice.

Mais revenons aux astreintes et à leur caractère comminatoire ; les sommes accordées au créancier sont prononcées par le juge pour contraindre le débiteur à exécuter ses engagements (1). C'est une menace dans la majorité des cas ; au début, le caractère forcément comminatoire de l'astreinte montre bien qu'il s'agissait uniquement de menacer ; nous avons dit qu'à notre avis cette habitude d'exagération dans les dommages-intérêts était née de l'usage de condamner pour l'avenir. Il est absolument impossible qu'un tribunal puisse estimer à l'avance la faute et le préjudice. S'il veut condamner à des dommages-intérêts futurs, il ne faut pas, sous peine que la décision constitue un mal jugé, que ces dommages soient définitifs. On les déclare comminatoires.

Procéder ainsi, c'est méconnaître les principes qui régissent les décisions judiciaires. Une fois le jugement prononcé, le tribunal ne peut le rétracter ni le modifier ; de quel droit le juge revient-il sur les dommages-inté-

____

(1) Paris, 20 juin 1866, D. 66.1.39.

rêts qu'il a prononcés et décide-t-il que le jugement n'aura pas d'exécution ?

Deux raisons sont invoquées par la jurisprudence ; une raison de fait et une raison de droit. La raison de fait est celle tirée de l'équité : elle est fondée sur cette considération « que si l'omission de se conformer aux jugements devait entraîner des effets irrévocables, la ruine d'une partie pourrait être accomplie, alors que peut-être elle aurait eu les chances les plus certaines de succès, que la justice murmure contre une telle conséquence, et qu'il n'est aucun juge qui ne reculerait devant elle s'il avait pu penser que sa décision devait y conduire ».

La raison de droit repose sur cette considération qu'une déchéance ne peut être suppléée et qu'il faudrait une expression bien précise du juge pour qu'on pût la faire sortir d'un jugement.

Que tant que la mesure qu'il ordonne et à l'exécution de laquelle il veut astreindre l'une des parties ne sera pas déclarée irritante, et emporter déchéance ou forclusion, elle pourra toujours être révoquée, alors que cette partie se sera, même après l'expiration du délai, conformée à ce qu'on lui a prescrit. On invoque la maxime *favores ampliandi* ; on ajoute que nul ne se forclôt soi-même (1).

_______________

(1) Rennes, 18 mars 1826, S. 28. 2. 64, D. 28. 2. 9 ; Cass., 1ᵉʳ avril 1812, S. 14. 1. 110, 9 février 1825, D. 25. 1. 134.

Consulter *contrà* : Serbire et Carteret, *op. cit.* ; Carré, *Lois de la procédure civile*, quest. 523.

La doctrine que nous combattons fut soutenue contre M. Dalloz par M. Lasagny (1) et c'est en ce sens que les tribunaux se sont prononcés.

Il semblait pourtant que cet éminent avocat avait fait valoir à l'appui de sa cause les meilleurs arguments. Qu'il nous soit permis de céder la parole au savant jurisconsulte : « Cette doctrine n'offre pas moins, dit-il, une véritable anomalie qu'aucune disposition dans la loi ne justifie et qui porte une grande atteinte au principe le plus absolu de l'ordre judiciaire, à celui qui consacre l'autorité de la chose jugée. Ce principe ne doit pas être affaibli dans l'esprit des citoyens ; il doit être sacré, comme celui qui proclame la non-rétroactivité des lois. Aussi ne voit-on nulle part que le législateur ait établi cette singulière distinction entre les jugements, qui réputerait les uns sérieux, les autres fictifs, les uns stables à toujours, les autres dont on peut se jouer même après un an, deux ans, dix ans ; ceux-là inviolables et protégés par la Cour qui les a rendus, ceux-ci mobiles au gré de cette Cour (quoiqu'elle n'ait pas su trouver un moyen plus efficace de vaincre une résistance déloyale),variables, susceptibles d'être modifiés, interprétés, anéantis, malgré les consécrations les plus solennelles, par la seule volonté de la partie contre laquelle ils ont été rendus. Or rien de pareil n'existe dans la loi et dans la doctrine des au-

(1) Dall., *Rép.*, V° *Chose jugée*, n° 388-1°.

teurs ; l'autorité qui s'attache à la chose jugée est absolue, inconditionnelle, et si l'on connaît dans la loi des
dispositions comminatoires, en ce qu'elles ne portent pas de sanction pénale, on n'avait jamais songé
jusqu'à ces derniers temps à appliquer cette théorie
aux jugements pour détruire leur plus puissant caractère.

On se fonde sur ce que le jugement n'impose pas
l'option dans un délai à peine de déchéance, mais
qu'on y prenne garde ; d'une part, il n'y a pas de loi qui
impose au juge l'obligation dont il vient d'être parlé ; il
n'est pas permis de créer une exception qu'elle n'a pas
établi ; d'autre part, les difficultés se succèdent dès que
l'on veut remplir l'office de la loi avec la jurisprudence.
Une première exception en veut une autre. Frappé du
danger qui pourrait résulter de la faculté illimitée de
qualifier de comminatoires les dispositions les plus pré-
cises du jugement, on sent bientôt la nécessité de donner des limites à cette faculté, alors on invente des formalités, des précautions particulières, des conditions
de déchéance, on ressuscite les formalités déplorables
du droit romain. On discute sur le point de savoir si la
déchéance doit être prononcée en termes sacramentels,
et, comme les équivalents sont généralement admis
dans notre jurisprudence, on discutera à l'infini sur la
nature des affaires qui sont susceptibles ou non de dispositions comminatoires ; puis au milieu des distinctions,
des subtilités que la controverse fera interminablement

éclore, que deviendra la règle, la règle si simple de l'autorité de la chose jugée. Il ne nous est pas donné de le prévoir, mais on ne peut s'empêcher de remarquer en terminant que si, dans l'espèce, le vieillard octogénaire qui demandait la cassation, et dont les droits se fondent sur deux décisions passées en force de chose jugée, obtenues après tant de luttes et de sacrifices, peut encore être exposé à voir périr ces droits et ces décisions sous le coup de décisions nouvelles dites interprétatives, il doit certainement désespérer de rencontrer la justice ici-bas.

On objecte encore les considérations d'équité mais ces considérations disparaissent devant la chose jugée, *expression de vérité légale* et dernier terme des dissensions qui divisaient les parties.

L'équité, mais c'est là un mot commode pour se débarrasser d'une décision importune, et qui nous a dit qu'elle est toujours du côté de la partie à laquelle vous accordez le lief de comminatoire ? Si, durant le retard qu'elle a mis à obéir à ses juges, les droits de son adversaire ont été compromis, si (aff. Gallois, V° n° 386, 3°) des créanciers sont intervenus qui affaiblissent ce gage sur lequel il croyait pouvoir compter, dira-t-on que les choses sont entières, que l'équité ne parle point en sa faveur ?

Le juge a dû peser avec soin les conséquences de sa décision ; ce qu'il a fait dans le plein exercice de son autorité et en présence de situations qu'il a appréciées ne doit être rétracté que dans des cas de force majeure, ou en raison de faits imputables à la mauvaise foi de l'adversaire qui aurait lui-même retenu les pièces dont la production aurait été ordonnée sous une clause pénale, et qui n'aurait pas prêté son appui à l'exécution du jugement. En un mot le tribunal, s'il était dans son intention de ne prononcer que des pénalités imaginaires, devait le déclarer ; car son jugement est une œuvre de réflexion ; il ne doit être ni un leurre ni une illusion pour aucune des parties. Que s'il redoute les effets d'une déchéance trop rigoureuse, l'accumulation des dommages-intérêts qui, prononcés pour chaque jour de retard, peut devenir excessive, il lui est aisé de poser des limites au delà desquelles la pénalité ne pourra s'étendre, et devant son verdict les droits seront rassurés, la justice obtiendra le respect et l'obéissance qui lui sont dus. »

Nous n'avons pu résister au désir de transcrire cet éloquent plaidoyer en faveur de notre cause ; et nous comprenons bien l'acharnement de M. Dalloz dans une matière où l'un des grands principes de notre droit était violé. Mais le bon sens lui-même plaide pour nous ; car, encore une fois, à quoi bon renfermer l'existence d'un droit dans de certaines limites, si les parties peuvent ne pas tenir compte de cette fixation ? Les plaideurs pourront sans cesse remettre en question ce qui a été jugé ; quelle confiance dès lors attacher à un jugement ?

Le 30 avril 1810, le tribunal de la Seine avait con

damné un sieur Cally à effectuer dans la huitaine de la
signification la remise de certaines pièces. Ce jugement
étant resté sans effet, les parties en faveur desquelles il
avait été rendu, les sieurs et dame Vincent, en obtinrent
un second qui ordonna que le premier serait exécuté,
selon sa forme et teneur et condamna le sieur Cally à
leur payer une somme de 15.000 francs à titre de dommages-intérêts, pour leur tenir lieu des pièces non re-
présentées. Longtemps après, ces titres furent offerts
par Cally ; la cour royale de Paris par arrêt du 6 mai
1840 a validé ces offres et déchargé Cally des condamnations prononcées contre lui par les motifs suivants (1) :

« En principe général, les dommages ne doivent être
que la représentation du préjudice éprouvé ; il suit de
là que les condamnations qui ont été prononcées à défaut par la partie condamnée d'avoir accompli un fait
quelconque dans un délai déterminé, et qui ne sont aussi
qu'un moyen de contrainte pour forcer à l'accomplissement du fait dans ce délai ne peuvent, après qu'il
est expiré, être considérées comme définitives, qu'autant que le retard lui-même aurait causé un préjudice. »

La Cour de cassation saisie de la question, rejeta le
pourvoi par arrêt du 22 novembre 1841, qui fait bien
ressortir cette idée que la somme n'avait été accordée
qu'à titre de contrainte, mais qu'une fois la résistance

(1) J. P. 1842.1.323.

vaincue on devait apprécier à leur juste valeur les dommages-intérêts.

Nous avions déjà cité cet arrêt, mais il nous a semblé qu'il n'était pas inutile d'entrer dans quelques détails ; le sentiment qui paraît l'emporter est celui de l'équité ; mais supposons que les 15.000 francs aient été payés, puis que plus tard le débiteur se repente et offre les pièces ; dira-t-on que le créancier pourra être obligé de rendre, au nom de l'équité ?

Au reste, très généralement les tribunaux condamnent à raison de tant par jour ; s'ils ne peuvent apprécier exactement le dommage, causé par le retard ou le refus, ils n'ont qu'à attendre que le délai soit écoulé ; c'est le seul moyen pour tenir compte exactement du préjudice ; et alors on n'aurait plus à revenir sur une décision, au nom de l'équité ; on ne verrait plus tous ces jugements avec délais comminatoires (1) ; ils n'auraient plus besoin d'être interprétés ; tout le vieux formalisme romain serait écarté. Nous savons qu'actuellement la Cour de cassation est revenue à une interprétation plus saine de la loi, au moins en ce qui concerne les décisions comminatoires ; mais les cours d'appel semblent persister à suivre les anciens errements ; elles considèrent les dommages-intérêts fixés à l'avance comme comminatoires jusqu'à preuve contraire ; tandis

(1) Cass., 28 déc. 1824, D. 25.1.41 ; 7 août 1826, S. 28.1,408, D. 26.1.441 ; 10 juillet 1832, S. 32.1.679, D. 32.1.315 ; 11 mars 1834, S. 34.1.189, D. 34.1.148.

que la réciproque est admise par la Cour de cassation.

Les décisions comminatoires sont donc parfaitement
acclimatées en jurisprudence ; tellement enracinées
qu'un avocat ferait une besogne bien inutile en voulant
s'y attaquer. Le conseiller M. Féraud-Giraud se bornait
à constater que l'opinion de la doctrine était différente ;
et il disait ces simples mots en s'adressant à la Cour de
cassation : « Mais telle n'est pas votre jurisprudence. »

N'y aurait-il pas cependant un moyen de justifier la
jurisprudence, et ce moyen consisterait à dire que le
jugement comminatoire est un jugement conditionnel.
On s'est servi de ce caractère conditionnel pour expliquer certaines décisions, celles qui condamnent à des
dommages-intérêts à fixer par état. L'article 128 du
Code de procédure autorise les juges saisis d'une demande en dommages-intérêts, dans le cas où ils ne
peuvent les liquider dans le jugement même de condamnation, à ordonner qu'ils seront fixés au moyen d'un
état fourni par le demandeur et soumis à une discussion
contradictoire. Le juge est-il tenu de prononcer toujours à la suite de la procédure de liquidation une condamnation à des dommages-intérêts même s'il lui paraît
alors démontré qu'il n'y a eu aucun préjudice souffert ?
Y a-t-il faute établie seulement, la question du préjudice restant entière ? Ou bien non seulement le fait
de l'infraction mais le préjudice éprouvé sont-ils cons-
tants, le *quantum* du préjudice restant seul incertain ?

La Cour de Paris par arrêt du 17 novembre 1866 (1) a jugé que la condamnation à des dommages-intérêts à fixer par état a un caractère essentiellement conditionnel, et qu'elle est subordonnée à la preuve d'un préjudice ; cette preuve venant à faire défaut, elle peut être suivie d'un jugement renvoyant le demandeur des fins du procès.

« La condamnation à des dommages-intérêts à fixer par état ne fait que reconnaître le principe d'un préjudice dont la réparation ne devait être définitivement et ultérieurement accordée à l'appelant qu'autant que celui-ci établirait ce préjudice ; ladite condamnation est donc essentiellement conditionnelle et subordonnée à une justification mise à la charge du demandeur, d'où il résulte que la condition à laquelle ladite condamnation à des dommages-intérêts était subordonnée ne s'étant pas réalisée, il y a lieu de ne pas s'arrêter à la prétendue fin de non-recevoir tirée de la chose jugée invoquée par l'appelant, et à laquelle d'ailleurs il serait facile d'échapper en allouant une somme quelconque qui ne serait aucunement justifiée, et qui ne satisferait ni la raison ni la conscience du juge. »

M. Tissier, dans une remarquable étude (2), critique cette jurisprudence au triple point de vue de la tradi-

____

(1) *La Loi* et la *Gazette des Tribunaux*, 1er décembre 1866.

(2) Tissier, *Revue critique* année 1888, p. 537, sur *l'effet des jugements portant condamnation à des dommages-intérêts à fixer par état.*

tion des textes, et des principes généraux de notre droit. Nous ne retenons que ce qu'il dit de la violation de l'article 1351.

D'après cet auteur, le jugement qui condamne à des dommages-intérêts à fixer par état constitue quant à cette condamnation la chose jugée ; il est acquis au procès qu'il est dû des dommages-intérêts, ils peuvent être insignifiants, ils ne peuvent pas ne pas exister. Selon lui, une condamnation intervenant sur le fonds d'un procès ne peut être conditionnelle ; elle ne peut avoir ce caractère d'être subordonnée à la preuve d'un des faits allégués par le demandeur, si bien que la partie condamnée puisse se trouver plus tard définitivement gagner le procès, celui qui a obtenu la condamnation étant au contraire débouté de sa demande. Quand un tribunal a statué sur le fonds d'un procès, sa décision est définitive, il ne peut lui attribuer un autre caractère.

Les Romains disaient que le juge doit *facere certam condemnationem* (1). Le juge doit prononcer d'une façon irrévocable et non hypothétique. Il ne peut condamner sous la condition qu'un des faits allégués sera plus tard établi. Dans le cas qui nous occupe, l'existence d'un préjudice souffert est un des éléments essentiels de la demande en dommages-intérêts, car, sans préjudice, il n'y a pas de responsabilité encourue.

(1) Loi 59, § 2, D. *de re judicata.*

M. Tissier dit fort bien qu'en condamnant sous la condition que le préjudice serait prouvé, le juge ne ferait en somme que condamner sous la condition que la demande serait complètement établie, il reculerait le débat sans le terminer ; il n'y a pas dans notre droit de décision pouvant avoir ce caractère.

Les jugements qui prononcent sur le fond sont ou des jugements d'avant faire droit qui ne contiennent pas de condamnation, ou des jugements définitifs, mettant irrévocablement fin au procès. Il n'y a pas de condamnations conditionnelles dans le sens indiqué par la Cour de Paris. Le jugement qui condamne à des dommages-intérêts à fixer par état n'est pas un jugement d'avant dire droit ; il n'ordonne pas une mesure d'instruction, il prononce une condamnation ; ce ne peut être qu'un jugement définitif (1). Certains arrêts semblent parfois l'avoir admis (2).

Nous partageons absolument cette manière de voir ; toutefois l'idée de condamnation conditionnelle paraît avoir suffisamment ébranlé un auteur (3), pour qu'il ait cru devoir chercher ailleurs la réfutation du système soutenu par nos tribunaux.

(1) V. M. Garsonnet, *Traité de pr. civ.*, t. V ; Boitard, *Leç. sur la procéd.*, t. I, n° 273 ; Bonfils, *Cours de procédure*, n° 862 ; Carré et Chauveau, *Pr. civ.*, t. 1, p. 640.

(2) C. de cassation, 9 avril 1833, S. 33.1.648 ; — Cassation, 5 août 1868, S. 69.1.68. — *Contrà : Rép. dr. français*, V° *Chose jugée*, p. 80 et s.

(3) Note de M. Meynial, sous arrêt de Cassation civ., 28 nov. 1888, *Journal du Palais*, année 1889, p. 908.

Ceux-ci, frappés à juste titre de l'utilité des condamnations à des dommages-intérêts à fixer par état, ont voulu à tout prix les maintenir ; et comme l'équité pouvait être blessée si le jugement était pur et simple, ils ont voulu permettre de revenir sur cette condamnation. Ils conservaient ainsi tous les avantages du procédé (Hypothèque judiciaire, saisie-arrêt), et ils étaient en règle avec l'équité.

Nous venons de réfuter le système des condamnations conditionnelles ; et nous pensons que M. Meynial a fait trop vite l'abandon du puissant argument tiré de la violation de la chose jugée.

Certainement si le premier jugement condamne à des dommages-intérêts à condition que le préjudice sera établi dans la procédure en liquidation, le deuxième jugement qui statue sur ce préjudice tranche une question nouvelle. Le jugement originaire tombe tout entier si la condition ne se réalise pas « et le deuxième juge aura alors à fixer en pleine indépendance, aussi librement que si aucune décision n'avait été rendue, qui doit être condamné et à la charge de qui seront les frais de l'instance... C'est le degré de probabilité reconnu aux éléments de dommages-intérêts qui justifie la condamnation conditionnelle ».

M. Meynial étend même la théorie ; un juge consulté sur la réparation d'un préjudice futur peut très bien subordonner la condamnation à des dommages-intérêts à l'existence de ce préjudice ou à la faute du débiteur :

dans ce cas la créance en dommages-intérêts a elle-
même un caractère conditionnel (1). Heureusement que
les décisions de la jurisprudence n'échappent pas au
reproche de violation de l'article 4, car le fait conditionnel existait déjà lors de la première instance, et il était
du devoir du juge de rendre dès lors un jugement définitif.

En règle générale nous ne sommes nullement partisans des condamnations conditionnelles ; la tradition
ne leur est pas favorable, la loi ne les mentionne
nulle part, et si la jurisprudence peut à la rigueur s'expliquer quand le mode d'exécution de la condamnation
est seul conditionnel (comme si des dommages-intérêts
sont accordés à l'avance, pour le cas où l'obligation
imposée à la partie qui a succombé ne serait pas exécutée), elle devient bien plus incompréhensible lorsque
c'est le fait même de la condamnation qui est conditionnel. Dans ce cas, en effet, pas de partie gagnante ou
perdante au procès ; à quoi bon rendre pareil jugement ? On parle d'équité ; mais il nous semble qu'il y
aurait bien plus d'équité soit à approfondir davantage
le litige, soit à ordonner une mesure d'instruction, qu'à
lancer les parties dans une procédure de liquidation
qui pourra entraîner des frais considérables. Si l'on
veut ménager l'intérêt du créancier, on ne paraît pas
avoir toujours atteint le but. A quoi bon, sur la proba-

(1) *Contrà*, Tissier, *op. cit. suprà*.

bilité d'un préjudice l'autoriser à prendre hypothèque, avoir l'air de lui donner raison pour venir dire ensuite que le débiteur ne lui doit rien ?

Il n'y a guère d'inconvénient, dans les condamnations à des dommages-intérêts à fixer par état, à déclarer qu'il est loisible aux tribunaux d'apposer une condition, puisque cette condition qui serait, dit-on, licite en elle-même, aurait ici pour but de renvoyer à une époque ultérieure la fixation de dommages-intérêts sur lesquels il était du devoir du tribunal, sous peine de déni de justice, de se prononcer immédiatement.

MAIS SI LA FAUTE ET LE PRÉJUDICE N'EXISTENT PAS ENCORE, on ne peut plus adresser aux tribunaux le reproche d'avoir violé l'article 4 ; c'est *précisément ce qui aura lieu au cas de condamnations à tant par jour prononcées à l'avance* ; il y aurait alors simplement jugement conditionnel, et comme M. Meynial reconnaît cette condition comme licite, voilà donc par ce moyen les condamnations comminatoires régularisées, et si l'auteur ne s'était pas expliqué ailleurs sur la question qui fait actuellement l'objet du débat, il est bien évident qu'on pouvait le croire partisan absolu du procédé employé par la jurisprudence. Nous allons étudier ce nouveau système :

Un débiteur est en retard, ou même refuse d'exécuter son obligation de faire ou de ne pas faire ; il est condamné à des dommages-intérêts par jour de retard ou par jour d'inexécution.

S'il ne s'agissait, nous dit-on, pour le second juge que de constater le retard, élément matériel et objectif, la condamnation primitive ne subirait aucun changement et la chose jugée demeurerait entière. Mais la jurisprudence a pensé que le droit de constater le retard entraînait pour le second juge droit d'en rechercher la cause, et de ne le déclarer utile pour faire courir les dommages-intérêts que quand il est coupable ; ce qui est légitime, car les dommages-intérêts ne sont dus que par celui qui cause sciemment avec intention de nuire ou par négligence, du tort à autrui (art. 1382). Le premier juge prononçant des dommages-intérêts pour retard *éventuel* les a subordonnés à la faute du débiteur, et le second juge a pour devoir de l'apprécier. Le retard examiné dans sa cause devient susceptible de degrés. On peut n'avoir pas exécuté sans cependant que la condition de faute soit entièrement arrivée et les dommages encourus sur le tout. Il suffit pour être absous qu'on ait fait son possible pour exécuter, et le montant de la condamnation varie suivant que l'on a plus ou moins fait strictement son devoir.

En résumé, on arrive en considérant dans le retard l'élément intentionnel, à mettre à côté de la condition du retard dont l'absence entraîne résolution du jugement, une autre condition, celle de faute du débiteur.

Il paraît résulter des jugements que le jugement primitif crée au détriment du débiteur une *présomption* de faute.

Certaines condamnations sont même soumises à une troisième condition, celle de l'existence du préjudice. Un jugement condamne à 200 francs de dommages-intérêts par jour de retard, mais, dit la jurisprudence, cette condamnation ne peut se fonder que sur un préjudice causé au créancier ; donc elle est subordonnée à la condition « si le préjudice existe ».

Dès lors pour examiner si la condamnation aux 200 francs a été encourue, il faudra rechercher : 1° s'il y a eu retard ; 2° s'il y a eu faute et dans quelle mesure ; 3° s'il y a eu préjudice causé et dans quelle mesure.

M. Meynial reconnaît que l'apposition de ces TROIS conditions est contraire au principe de l'autorité de la chose jugée.

« Toutes les fois qu'un jugement consacre un droit, il suppose l'existence de ce droit ; dire autrement ce serait admettre que les juges se sont décidés arbitrairement. S'ensuit-il pour cela que le jugement soit subordonné pour son exécution à l'existence du droit qu'il reconnaît ? Bien certainement non, puisque le principe de l'autorité de la chose jugée a précisément pour but de faire présumer existant le droit constaté et d'empêcher la preuve contraire ; après le jugement, l'existence du préjudice futur est un motif de jugement et rien de plus ; s'il n'existe pas, on avait pour établir cette inexistence, les voies de recours ordinaires ; elles interdites, le droit est légitimement existant. Il est certain que si l'on

veut remettre en question dans une deuxième instance
la question de retard, de faute et de préjudice, le
premier jugement est tout anéanti et subit une véritable revision. On devrait raisonner de même dans une
hypothèse voisine : si un jugement déclare que les dommages-intérêts prononcés pour retard ont cessé de
courir quand a cessé le préjudice (1), c'est dire que les
dommages-intérêts fixés par le premier jugement sont
subordonnés à la constatation postérieure du préjudice.
En n'indiquant pas de terme au cours des dommages-
intérêts, le premier jugement a admis comme établi
que le préjudice persisterait perpétuellement. On voit
rarement la seule condition de préjudice opposée au
jugement ; elle est toujours accompagnée de celle de
faute, cela s'explique ; en regardant les dommages-
intérêts comme moyen de contrainte, peu importe le
préjudice ; la prise en considération n'est qu'un expé-
dient au cas de faute du débiteur pour pouvoir revenir sur la condamnation première, c'est-à-dire qu'un
moyen de violer l'autorité de la chose jugée » (2).

M. Meynial dit encore « que la condition de faute se
légitime plus facilement que celle de préjudice, car le
préjudice futur provient de causes qui peuvent être
connues du premier juge et qu'il a dû connaître, puisqu'il a statué, tandis que la faute dépend de la volonté
du débiteur qui peut varier d'une manière imprévue ».

(1) D. 70.2.280.
(2) Meynial, *op. cit.*, p. 463.

Cette dissertation est un plaidoyer en faveur de la thèse que nous avons toujours soutenue : l'impossibilité pour le juge de statuer pour l'avenir. La faute, dit-on très justement, est liée intimement à la volonté de la partie, c'est un élément variable, incertain, comment la déterminer à l'avance? Pourtant tous les auteurs sont unanimes à déclarer que le juge peut statuer *in futurum*, mais d'une façon définitive. Il doit pouvoir se rendre compte immédiatement du préjudice et du degré de faute : sa décision doit être irrévocable, ou s'il ne se croit pas capable de pénétrer ainsi les intentions secrètes du débiteur, il doit surseoir à la condamnation. On se trouve en présence d'un retard éventuel, d'un préjudice éventuel, d'une faute éventuelle, et c'est sur cette éventualité qu'on veut que le juge rende une condamnation définitive. On sent bien le point faible de l'argumentation, car on propose immédiatement un correctif et l'on dit : non, sans doute, le juge ne saurait apprécier d'une façon exacte des faits futurs ; mais il peut du moins faire une estimation « à forfait » (c'est-à-dire approximative), de sorte que nos adversaires eux-mêmes viennent reconnaître que le juge ne peut statuer que d'une façon absolument aléatoire ; il fait son possible, dit-on, pour que le dommage vraiment subi coïncide avec celui qu'il a estimé *a priori*. Nous lui savons gré de ses excellentes intentions, mais nous ne pouvons pas nous empêcher de dire qu'elles ne sont pas suffisantes ; on réclame au juge autre chose

que des intentions louables, il ne faut pas que l'estimation à forfait ressemble au « tarte à la crème » et soit
une excuse qui couvre toujours le magistrat. Nous avons
une opinion plus haute de l'administration de la justice:
or, un jugement comme celui dont nous parlons ne
nous semble pas éloigné de l'arbitraire le plus absolu.
Le juge qui voulait statuer immédiatement n'avait que
deux partis à prendre : ou bien rendre une décision
comme celle que nous critiquons qui constituera le
plus souvent un mal jugé, et demeurer en règle avec
l'article 1351 ; ou au contraire apposer à son jugement
une condition qui le rendrait susceptible d'être revisé.
Nous ne parlons pas, bien entendu, du droit que s'arrogent les tribunaux de déclarer définitive la condamnation sans tenir compte du dommage éprouvé ; dans ce
cas, ils entendent punir, et c'est un deuxième caractère
de l'astreinte que nous critiquerons plus tard.

M. Meynial a fort bien compris l'impossibilité qu'il y
avait à connaître d'avance la faute du débiteur ; il a
donc introduit un élément conditionnel pour expliquer
la solution de la jurisprudence. On n'apprécie plus les
dommages-intérêts à forfait, mais sous condition.

Nous savons que dans une matière voisine de celle-ci,
celle des condamnations à des dommages-intérêts à fixer
par état, l'auteur adressait aux juges le reproche d'avoir
violé l'article 4 du Code civil. Cette violation n'existerait-elle pas aussi, si on admet que non seulement le
juge peut mais encore doit statuer sur une faute et un

préjudice probables, d'une façon irrévocable, et s'il a
manqué à ce devoir ? Il n'y aurait aucun paradoxe à le
soutenir, puisqu'on assimile le dommage futur au dommage né et actuel. Au contraire ce reproche est évité,
si l'on dit que le juge peut seulement statuer d'une façon conditionnelle. Examinons cette condition. On nous
dit que la condition de faute s'explique mieux que celle
de préjudice ; il y a dans cette allégation une part de
vérité ; car la faute dépend uniquement de la volonté
de l'agent et cette volonté est impénétrable ; impossible
donc de connaître cette faute à l'avance. Au contraire,
il peut fort bien arriver que le préjudice existe sans qu'il
y ait faute ou négligence de la part du débiteur ; le cas
fortuit, la force majeure n'empêcheront pas ce préjudice
d'être connu. M. Meynial se base là-dessus pour dire
qu'il est indispensable que le juge statue immédiatement sur le préjudice, au moins s'il a les éléments nécessaires, mais que jamais ce préjudice ne doit être *in
conditione.*

Le préjudice est donc supposé existant, et le deuxième
juge, dit-on, ne pourrait se laisser influencer par l'inexistence du préjudice pour déclarer la condition défaillie,
sous peine de violer l'article 1351.

Qu'est-ce à dire ? On admet donc que le premier juge
a pu se tromper ; c'est qu'il a statué sur un préjudice
éventuel, par conséquent incertain, quoique plus facilement appréciable que la faute ; voilà un débiteur condamné à payer des dommages-intérêts pour un préju-

dice qui n'existe pas : singulier résultat auquel nous ne pouvons souscrire. Il ne suffit pas d'être en faute pour être passible de dommages-intérêts, il faut encore que cette faute soit préjudiciable ; pourquoi ne dirait-on pas aussi bien qu'un débiteur même en l'absence de faute serait tenu de réparer un préjudice ; on dit que le préjudice est légalement établi ; mais alors on dirait aussi que la faute est légalement établie ; nous admettons qu'il y aurait plus de chance d'erreur en appréciant la faute à l'avance, mais cette constatation en faveur du préjudice ne suffit pas pour justifier une iniquité.

Le système soutenu par M. Meynial est un système mixte : il reconnaît que la faute peut et même doit être *in conditione*, mais il ne va pas plus loin, par respect pour l'autorité de la chose jugée ; le préjudice sera déterminé à l'avance. Si nous avons bien compris la théorie développée par l'auteur, ce préjudice a pu se déterminer sans tenir compte de la faute ; toutefois comme pour être susceptible d'être réparée, il faut que celle-ci existe, il est de toute évidence, qu'elle doit être appréciée par le juge ; si l'existence du préjudice a été établie indépendamment de la faute, sa réparation varie essentiellement avec cette faute. Ce point nous semble un peu obscur, à quoi bon dire qu'un préjudice est à peu près invariable, pour déclarer ensuite que les dommages-intérêts varient avec la faute ? Au reste, quelle est la faute que les premiers juges ont eu en vue ? on va nous le dire : c'est la faute la plus grave possible que le débiteur puisse commettre dans l'exécution. Le taux fixé par le premier jugement est un taux maximum, et s'il y a dans la culpabilité du débiteur la plus légère atténuation, la condition devra être regardée comme défaillie. Le second juge reprendra sa liberté d'action et fixera les dommages-intérêts au taux qui lui plaira. Ainsi, dit-on, on peut justifier la solution où le deuxième juge diminue la peine à raison des efforts faits par le débiteur ; il n'y a pas révision du premier jugement, mais défaillance de la condition apposée au premier jugement.

Mais si le premier juge a calculé les dommages au cas de faute la plus grave du débiteur, nous tirons immédiatement cette conclusion que le second juge ne pourrait augmenter le taux des dommages-intérêts ; des jugements lui ont cependant reconnu ce droit (1).

A notre avis, la théorie que nous combattons n'est pas celle de la jurisprudence ; l'explication fournie ne nous paraît pas satisfaisante. Le maximum de faute, dont on nous parle, s'il paraît avoir le mérite d'ôter à la condition tout caractère d'obscurité ou d'ambiguïté sera rarement atteint ; quelle est la faute la plus grave possible ? alors même que nous serions en présence d'une faute très lourde, d'un dol, ne peut-on pas supposer une faute plus lourde encore ? Le premier jugement sera donc, on peut dire, toujours sujet à révision.

(1) Cass., 24 janvier 1865, S. 65. 1. 134.

Puis pourquoi les juges auraient-ils en vue un maximum plutôt qu'un autre degré de faute? pourquoi cette tendance à vouloir que les dommages-intérêts réparent autant que possible tout le préjudice subi? On ne le conçoit pas.

Nous le voyons, même avec l'insertion de la condition de faute, on n'arrive pas à respecter l'autorité qui doit s'attacher à un jugement, car la condition défaillira toujours.

Quand le tribunal condamne s'il y a faute, la plus grave possible, il ne connaît pas encore cette faute, il statue sur une faute qui n'existe pas encore ; s'il parvient ainsi à éviter le reproche de violation de chose jugée, ce que nous contestons du reste, il n'échappe pas à celui d'avoir violé l'article 5 du Code civil qui interdit aux tribunaux de disposer par voie générale et réglementaire.

**§ 2. — Excès de pouvoir. — Interdiction pour les juges de statuer par voie réglementaire et générale.**

L'article 5 du Code civil s'exprime ainsi :

« Il est défendu aux juges de prononcer par voie de disposition générale et réglementaire sur les causes qui leur sont soumises. »

Ce texte vise certaines pratiques de notre ancien droit pour les interdire : les anciennes cours souveraines, c'est-à-dire les parlements et les conseils supérieurs avaient le pouvoir de faire sur toutes sortes de matières des règlements qui étaient lus et publiés comme des lois, dans les juridictions inférieures de leur ressort et qui en avaient provisoirement toute l'autorité, soit qu'ils fussent rendus à l'occasion d'une contestation dont ces cours étaient saisies, soit qu'ils fussent prononcés de leur propre mouvement. Cette prérogative dérivait de la puissance législative à laquelle les Parlements prenaient une part indirecte, en vérifiant, enregistrant ou refusant d'enregistrer les lois.

Quoique ces arrêts portent notamment sur les matières de droit coutumier, l'exercice de la juridiction en ce genre s'est réellement étendu sur toutes sortes de matières.

On doit reconnaître que cette pratique offrait quelques avantages quand la loi présentait dans son application des difficultés qui exigeaient que le magistrat l'interprétât ; peut-être n'était-il pas inutile qu'il exposât et fît connaître, à l'exemple du préteur romain, la règle par laquelle il jugerait ; la loi évitait ainsi d'être interprétée d'une façon variable ou arbitraire.

Il ne faudrait pas cependant exagérer la portée de ces avantages.

Ils impliquent nécessairement la confusion des pouvoirs ; or, nous savons qu'une des bases les plus solides de notre régime actuel est justement la séparation bien marquée de ces mêmes pouvoirs.

L'autorité judiciaire ne doit régler que le passé ; elle

ne doit pas disposer pour l'avenir, à la différence du législateur qui règle l'avenir sans toucher au passé.

De plus, ces arrêts de règlement formaient nécessairement un droit local applicable seulement dans les limites de la juridiction du juge. Or, nos législateurs ont voulu l'unité dans la législation.

Pour ce double motif, ils ont interdit au juge de statuer par voie générale et réglementaire ; le rôle des juges se borne donc à appliquer la loi, l'article 5 le proclame hautement.

Plusieurs raisons s'opposent donc à ce qu'un tribunal statue pour l'avenir ; ces raisons sont tirées des textes de la loi, et aussi de l'examen approfondi des faits.

Le principe de la séparation des pouvoirs trace bien nettement les limites que le juge ne doit pas dépasser. Il n'a plus le droit, sauf peut-être si la loi est muette, de se faire législateur ; son rôle se borne à l'appliquer dans toutes ses dispositions. Or la loi veut que pour statuer sur un litige, le juge en soit saisi ; comment en sera-t-il saisi, si ce débat n'existe pas encore ?

Il n'y aurait pas de cause, pas de partie au procès, et cependant il est nécessaire d'entendre ces parties pour pouvoir absoudre ou condamner. Les contestations nées et actuelles sont seules du ressort des tribunaux ; ils n'ont pas qualité pour statuer sur les litiges futurs.

A cette raison de droit vient s'ajouter une raison de fait :

Nous l'avons souvent répété, il y a impossibilité ma-
térielle de prévoir les circonstances dans lesquelles
naîtra un procès, les éléments dont il faudra tenir
compte ; les données qu'on peut avoir sur ces questions
sont absolument du domaine de l'hypothèse ; rien ne
prouve que celle-ci sera vérifiée, et alors même qu'elle
le serait, l'excès de pouvoir qui entachait au début la
décision, ne serait pas couvert par cette réalisation postérieure de l'événement prévu : aussi la plupart des auteurs qui admettent la condamnation *in futurum* ont-ils
déclaré qu'il était nécessaire que la condamnation fût
définitive ; de cette façon, on suppose réalisés des faits
qui ne sont qu'incertains, qu'éventuels ; on est censé
statuer sur un litige né et actuel avec des éléments certains et invariables ; l'avenir devient ainsi le présent.

La façon dont M. Meynial envisage l'opération nous
semble plus exacte. Certains faits, certaines conditions,
futurs, échappent à l'appréciation immédiate du tribunal ; la seule chose qu'il puisse faire est dès lors d'envisager une certaine hypothèse, qui, si elle se réalise,
entraînera la condamnation. Il s'agit bien ici d'une
disposition pour l'avenir ; le tribunal statue sur une
condition susceptible de défaillir, il règle donc à l'a-
vance la situation des parties ; or faire une règle générale, procéder ainsi par voie d'ordre ou de défense,
c'est, il nous semble, violer l'article 5 du Code civil.
Cette violation qui était masquée dans le premier système apparaît ici avec une clarté qui nous paraît évidente.

Nous reconnaissons volontiers qu'au premier abord, cette accusation de violer l'art. 5, portée contre des décisions qui condamnent une partie à payer tant par jour de retard, soit à titre de réparation de préjudice, soit à titre de peine, peut paraître empreinte d'une certaine exagération, et nous lisons en note sous un arrêt du 6 juin 1859 (1) :

« On admet généralement que les tribunaux peuvent, en ordonnant l'exécution de leur jugement dans un certain délai, condamner la partie à payer en cas de retard une certaine somme par jour au delà du délai fixé. »

Or, cette remarque fait suite à quelques observations présentées par l'arrêtiste, dans lesquelles il constate les solutions diverses de la jurisprudence dans des cas qui nous paraissent très voisins de ceux-ci.

En effet, suivant certains arrêts, les tribunaux ne pourraient sans contrevenir à l'article 5 du Code civil défendre à une partie de faire quelque chose sous peine d'une somme déterminée de dommages-intérêts par chaque infraction (2).

M. Et. Blanc dans son *Traité sur la contrefaçon* et M. Nouguier dans son ouvrage sur le *Brevet d'invention* enseignent la même opinion (3).

Mais il existe des arrêts en sens contraire (4) ; « les

(1) *Journal du Palais*, 1859, p. 1179. V. note sous l'arrêt.
(2) *J. Palais*, Paris, 1836, t. 1, 1837, p. 314 ; 4 décembre 1841, t. 1, 1842, p. 123 ; Aix, 25 février 1847 (t. 2, 1847, p. 85).
(3) V. Et. Blanc, p. 686, et Nouguier, n° 1042.
(4) V. arrêt précité, J. P. 1859, p. 1179, note.

tribunaux en faisant défense à celui qui s'est indûment attribué un pseudonyme d'en faire usage à l'avenir peuvent le condamner d'avance en des dommages-intérêts déterminés par chaque contravention. C'est là une simple sanction de leur défense et non une disposition générale et réglementaire interdite aux juges par l'article 5 du Code Napoléon » (1).

La division existe donc sur cette question en jurisprudence, tandis que les tribunaux semblent unanimes à admettre les condamnations à l'avance à tant par jour (2).

Certes, la violation de l'article 5 est plus palpable, plus tangible dans un cas que dans l'autre.

La doctrine reconnaît bien qu'une condamnation d'avance pour chaque contravention à une défense portée au jugement, viole bien l'article 5. Mais est-ce que cette violation de l'article 5 réside seulement dans la série des contraventions successives, et le tribunal n'aurait-il pas outrepassé ses droits en condamnant à tant pour la première contravention sans parler des autres ? Nous croyons que l'affirmative s'impose ; le tribunal s'est lié par avance, il s'est engagé à rendre tel jugement dans telles circonstances données ; il a par consé-

(1) Montpellier, 30 avril 1849, *J. Palais*, 50, t. 1, p. 337 ; Cassation, 6 juin 1859, *J. P.*, 59, p. 1179.

(2) Cassation, 26 juillet 1854, *J. P.*, 1855, p. 95 ; 25 mars 1857, *J. P.*, 57, p. 879 ; Paris, 25 juin 1857, 58, p. 34 ; Cass., 26 février 1859, 59, p. 418, *Rép. gén. du Palais*, V° *Dommage éventuel*, n° 16.

quent perdu toute liberté d'action, avant même que le
procès ne soit né, avant qu'il n'y ait ni cause, ni parties.

Voilà notre raisonnement au cas de défense faite par
un jugement. Pourquoi raisonner différemment au cas
d'ordre donné par un jugement d'exécuter tel acte sous
peine de tant par jour de retard ? Un tribunal ne sait
pas plus à l'avance si une partie obéira à un ordre, que
si elle contreviendra à une défense. Il ne suffit pas d'ailleurs de désobéir à un ordre de la justice pour être passible de dommages-intérêts (c'est du moins l'opinion
de la doctrine, car on verra que la jurisprudence est
d'avis contraire) ; il faut encore que la faute et le préjudice existent ; cette faute, ce préjudice sont donc
appréciés à l'avance, d'une façon irrévocable, ou sous
forme conditionnelle, suivant les auteurs. S'ils le sont
d'une façon irrévocable, il semble, comme nous le disions, que le tribunal ait envisagé comme réellement
existants des faits qui sont simplement éventuels, et, à
notre point de vue, cette façon de comprendre la question renferme une erreur.

Si les dommages et la faute, ou même la faute seule,
sont *in conditione*, théorie qui nous semble expliquer
l'opération mieux que la première, alors de toute nécessité, il a fallu que le tribunal ait en vue un certain
degré de faute ; il a subordonné la condamnation à la
réalisation de ce degré de faute.

Il a donc statué sur une faute qui n'existait pas encore, par conséquent, sur un débat qui n'était pas en-

core né ; il s'est engagé pour l'avenir, si le degré de faute prévu se réalisait, à condamner à tant ; c'est comme s'il avait défendu à une partie de commettre telle faute sous peine de tant de dommages-intérêts.

Nous sommes persuadé que, si la très grande majorité des auteurs tient tant à ce que la condamnation prononcée à l'avance soit ferme et définitive, c'est non seulement afin d'éviter le reproche d'avoir violé l'article 1351, mais aussi pour échapper à celui d'avoir violé l'article 5 du Code civil.

Pour ne pas toujours rester dans l'abstraction, il est utile d'éclairer la discussion par des exemples qui se sont présentés dans la pratique.

Un tribunal est saisi d'une contestation entre des commissaires-priseurs et des agents du domaine. Il décide que ceux-ci n'ont pas le droit de procéder à la vente d'effets mobiliers. Voilà, dit M. Laurent, le litige terminé et où s'arrête l'action du juge. Mais le jugement ajoute qu'à l'avenir les commissaires-priseurs demeureront autorisés à procéder à la vente des effets mobiliers de pareille nature. Cette disposition n'est plus un jugement, dit l'auteur que nous avons cité, elle ne concerne pas les parties en cause, mais les commissaires-priseurs en général ; elle ne porte pas sur le passé ; d'après ses termes mêmes, elle embrasse l'avenir. C'était violer l'article 5 et tous les principes qui régissent la juridiction. Le jugement fut cassé (1).

(1) Arrêt du 22 mai 1832, Dall., *Répertoire* au mot *Compétence administrative*, n° 746.

Un arrêt de la Cour de Colmar fait défense à la Compagnie du chemin de fer de Strasbourg à Bâle de transporter à l'avenir des marchandises en dehors de la ligne et des stations du chemin de fer, sur les routes collatérales et incidentes et ce sous peine de dommages-intérêts. Cette disposition portait exclusivement sur l'avenir, la Cour n'était saisie d'aucune demande quant au passé, dès lors la décision n'avait plus le caractère judiciaire, elle prenait un caractère général qui faisait un devoir à la Cour de cassation de l'annuler (1).

Les deux décisions rapportées concernaient des mesures étendues à des parties qui n'étaient pas en cause, ou bien des condamnations uniquement pour l'avenir. La Cour de cassation les annula.

Mais si le juge est saisi d'une demande qui concerne un fait accompli, la Cour de cassation estime qu'il peut, en condamnant le défendeur, étendre sa décision à l'avenir.

Un arrêt de la Cour de Paris constatait en fait que la Compagnie du chemin de fer de l'Est exerçait le commerce de charbon de terre en vendant sur son parcours les menues houilles qu'elle achetait aux mines de Sarrebruck. Les achats et ventes étaient une vraie spéculation que la Compagnie n'avait pas le droit de faire et qui était préjudiciable aux marchands de houille. En conséquence, la Cour condamna la Compagnie à des

_________

(1) Arrêt du 7 juillet 1852, D. 1852.1.204.

dommages-intérêts et lui fit défense de continuer le commerce. La Cour de cassation décida que l'article 5 du Code civil n'était pas violé, parce que la défense de continuer un commerce déclaré illicite résultait implicitement de la condamnation aux dommages-intérêts prononcée contre la Compagnie (1).

Il est bien évident que la compagnie devait s'attendre à de nouvelles poursuites si elle continuait le commerce ; mais il n'appartenait pas aux juges de statuer sur une contestation qui n'était pas encore née. C'était lier le tribunal appelé à la vider quand elle naîtrait.

La Cour de cassation a encore décidé que le jugement qui condamne une ville à restituer des droits d'octroi, indûment perçus, peut lui faire défense de percevoir les mêmes droits à l'avenir (2).

La Cour est allée plus loin ; si le juge peut porter des défenses pour l'avenir, il peut sanctionner ces défenses. C'est ce que fit la Cour de Paris ; en interdisant à l'une des parties de porter un nom revendiqué par l'autre, elle le condamne à payer 50 francs de dommages-intérêts pour chaque contravention constatée. La Cour de cassation approuva cette décision comme n'étant que la sanction de la défense (3).

Cela est logique, comme le remarque fort bien M. Laurent, mais la logique ne témoigne-t-elle pas contre

(1) 5 juillet 1865, D. 65.1.348.
(2) Cass., 6 mai 1862, D. 62.1.482.
(3) Cass., 6 juin 1859, D. 59.1.248.

le principe? Décider en 1859 que celui qui en 1860 prendra tel nom, devra payer 50 francs de dommages-intérêts, n'est-ce pas porter d'avance un jugement pour un fait futur ?

Sur ce dernier point, la doctrine, nous l'avons dit, est en opposition avec la Cour suprême.

Les auteurs enseignent qu'au cas de contrefaçon d'une invention brevetée, les tribunaux ne peuvent pas prononcer contre ce contrefacteur de dommages-intérêts pour les faits de contrefaçon dont il se rendra coupable dans l'avenir.

« Les faits nouveaux, dit M. Blanc, ont besoin d'être constatés et appréciés et doivent faire l'objet d'une instance nouvelle (1). »

La Cour de Paris a jugé en ce sens en infirmant un jugement du tribunal civil de la Seine qui avait prononcé des dommages-intérêts de 500 francs pour chaque contravention à la défense portée au jugement. Il ne peut y avoir de condamnation, dit l'arrêt, pour une contravention qui n'existe pas encore (2).

Même décision de la Cour d'Aix. « Les tribunaux n'étant appelés à statuer que sur des faits accomplis ne peuvent prononcer des inhibitions et défenses avec sanction pénale fixe et déterminée (3) ».

_______

(1) Blanc, *op. cit.*, *supra*. V. encore Dall., *Rép.*, V° *Jugement*, n° 159, p. 180.

(2) Paris, 4 décembre 1841, D. *Rép.*, au mot *Jugement*, n° 159.

(3) Aix, 25 février 1847, D. 47. 2. 85.

Cette doctrine, affirme Laurent, nous paraît incontestable, mais il faut être logique dans ce système comme la Cour de cassation l'est avec le sien. Si le juge ne peut pas ajouter une sanction à ses défenses, il ne peut pas davantage porter de défense pour l'avenir ; pour que la sanction soit illicite, il faut que la défense le soit ; approuver la défense et réprouver la sanction, c'est admettre le principe et repousser les conséquences.

Nous avons déjà relevé la contradiction qui existe entre la solution admise ici par M. Laurent et celle qu'il adopte dans une autre partie de ses œuvres. Nous n'y revenons pas (1).

Les Cours d'appel et la Cour de cassation professent donc une théorie opposée, ou du moins rencontre-t-on chez les premières quelque hésitation à suivre les doctrines de la Cour suprême ; nous approuvons fermement les Cours d'appel, et nous déplorons seulement qu'elles ne donnent pas les mêmes solutions au cas de dommages-intérêts prononcés par jour de retard. Pourtant nous avons fait remarquer que l'analogie existait entre ces dommages par jour de retard, et les dommages pour contravention, et c'est bien aussi ce que dit une note insérée dans le recueil de Sirey, sous un arrêt de cassation (2).

« La jurisprudence de la Cour suprême reconnaît au

_________

(1) V. Laurent, t. 1er, n° 265 et *contrà*, t. 16, n° 300, p. 358, *suprà*.

(2) Cass., 13 décembre 1886, S. 87.1.176.

juge pour assurer l'exécution de sa sentence dans un délai déterminé le droit de soumettre à l'avance la partie condamnée qui apporterait un retard à cette exécution à des dommages-intérêts par jour de retard.

« *En vertu du même principe*, le juge peut sanctionner une défense qu'il édicte, au moyen d'une condamnation pécuniaire prononcée à l'avance par chaque contravention ; dans un cas comme dans l'autre, il s'agit d'assurer l'exécution de la décision rendue. »

Malheureusement dans un cas comme dans l'autre aussi, on se montre fort peu respectueux du principe contenu dans l'article 5, principe qui interdit au juge de statuer par voie générale ou réglementaire, et par conséquent de procéder par voie d'ordre ou de défense; principe d'ailleurs aussi respectable et aussi important que celui qui s'attache à l'autorité de la chose jugée.

<h3 style="text-align:center">§ 3. — Pas de peines sans textes.<br>Défense aux tribunaux civils de prononcer des amendes au profit de la partie lésée. — Pas de peines arbitraires.</h3>

Le caractère comminatoire prête le flanc à la critique, et presque tous les auteurs sont opposés à son maintien qui est incompatible avec l'autorité de la chose jugée. Mais l'astreinte n'est pas seulement comminatoire, elle est aussi pénale. Si elle se contentait de menacer, elle perdrait presque toute son utilité, le débiteur sachant parfaitement qu'il n'a rien à redouter de cette menace si ce n'est les dommages que sa faute ou son retard aurait pu dans tous les cas occasionner.

Il faut donc pour que la menace soit efficace qu'elle puisse contenir quelque chose de l'idée de peine, de manière à faire impression sur le débiteur, et que le juge puisse en certains cas, lui maintenir, malgré l'exécution, ce dernier caractère.

L'astreinte est un procédé d'intimidation ; il risquerait de devenir inefficace, si, lorsque le débiteur s'est conformé à la sentence qui le condamnait à exécuter en nature, tous les dommages-intérêts pour retard perdraient immédiatement leur caractère pénal pour conserver uniquement leur caractère réparateur.

Donc le caractère comminatoire qui implique que les dommages-intérêts sont exagérés, sans quoi ils ne seraient plus une menace, doit être accompagné de l'idée de peine ; et il ne faut pas que la peine contenue dans la menace se résolve forcément au cas d'exécution en dommages-intérêts calculés selon les règles ordinaires ; les juges du fait ont à cet égard un pouvoir absolu.

Nous critiquons ce deuxième caractère de l'astreinte à deux points de vue; il viole deux règles fondamentales de notre droit : pas de peines sans textes ; pas de peines arbitraires. La jurisprudence semble n'avoir même pas aperçu l'objection ; nulle part elle ne songe à la réfuter ; elle se retranche derrière le principe que l'exécution des jugements est d'ordre public et que force doit rester à la loi. Elle paraît se fonder sur l'argumentation suivante : 1° le débiteur peut être condamné à prester l'objet même de son obligation, que cet objet soit un fait ou le transfert d'un droit réel; 2° le juge a le droit de prendre toutes les mesures qu'il croit utiles afin d'arriver à l'exécution des jugements qu'il a prononcés et l'usage de la contrainte indirecte est un de ces moyens.

Nous ne croyons pas tout d'abord qu'il soit absolument exact de dire en tout état de cause que le débiteur peut être condamné à prester l'objet même de son obligation.

Si l'on se trouve dans l'hypothèse de l'article 1142 tel que nous l'avons expliqué, et en présence d'un refus catégorique d'exécution de la part du débiteur, nous avons dit qu'un tribunal ne pouvait se contenter d'ordonner l'exécution. A vrai dire, on conçoit très bien qu'avec l'idée d'astreinte, il n'y ait pas lieu de distinguer entre le retard et le refus ; on cherche à triompher d'une résistance ; capituler dès qu'on la rencontre serait bien vite faire preuve de son impuissance, ce serait la négation même de l'astreinte.

Après quelques hésitations, les tribunaux l'ont compris ; ils se sont enfin montrés logiques avec leur théorie en proportionnant la peine à la résistance.

La première partie du raisonnement est donc erronée : toute la doctrine, ou du moins la très grande majorité des auteurs s'accorde à reconnaître qu'on doit distinguer entre le refus et le retard. On n'autorise la condamnation à des dommages-intérêts à tant par jour à l'avance qu'en présence d'un retard ; on refuse ce pouvoir aux tribunaux dès que le refus est exprimé ; il faut alors immédiatement convertir l'obligation en dommages-intérêts : ce qui est parfaitement logique, étant donné que les auteurs n'admettent pas l'idée de peine dans l'allocation des dommages.

Le juge a le pouvoir de toujours condamner à l'exécution, dit la jurisprudence, il faut donc de toute nécessité qu'il puisse prendre toutes les mesures qu'il croit utiles pour arriver au but qu'il se propose. Cet argument aurait peut-être quelque valeur si les prémisses du raisonnement étaient exactes. On pourrait s'étonner de la faculté donnée à un tribunal de condamner à l'exécution en nature, s'il n'avait pas les moyens efficaces, ou simplement utiles pour la procurer.

« Si l'on résistait à la *manus militaris,* ou à la saisie dit un auteur, le tribunal pourrait prendre toutes les mesures pour les faire triompher..... si les tribunaux ont droit d'employer tous moyens pour arriver à l'exécution de leurs jugements, c'est parce que cette exécution est d'intérêt public. » Il nous semble pourtant que ce raisonnement renferme une erreur. L'intérêt public, même s'il était vraiment en jeu ne justifierait pas tous les moyens employés ; jamais, par exemple, il ne permettrait la contrainte par corps en matière contractuelle.

La loi est, à notre avis, seule juge des nécessités, et des règles que réclame l'ordre public, ce n'est pas aux tribunaux à faire œuvre de législateurs.

Voici par exemple une obligation légale ; on sait que ces sortes d'obligations intéressent plus ou moins l'ordre public ; dira-t-on que le juge a le droit pour faire respecter de pareilles obligations de se servir de tous moyens, et que si la *manus militaris* ne peut s'exercer ou si elle lui répugne, il pourra user de la contrainte indirecte. M. Meynial (1) semble bien reconnaître ce pouvoir aux tribunaux.

Mais quel est le texte de loi sur lequel on pourrait se baser pour valider cette solution ?

Nous n'admettons, même en ce qui touche l'ordre public, que les procédés admis par la loi. Or, la contrainte sur la personne est certainement un de ces procédés quand elle aboutit à l'exécution de l'obligation légale, mais où a-t-on vu que la loi autorisait la contrainte par voie indirecte ? Cela n'est écrit nulle part, et rien, dans l'esprit de la loi, ne fait supposer que le législateur ait jamais admis ce principe. Ne nous montrons pas plus rigoureux que lui.

Au reste, il est faux de dire que l'ordre public soit engagé dans le mode de réparation qu'il convient d'accorder aux obligations conventionnelles soumises à l'article 1142. Il lui suffit que le préjudice soit réparé.

Si l'assertion des tribunaux était vraie, pourquoi la loi n'aurait-t-elle pas permis dans cette hypothèse l'emploi de la contrainte exercée directement sur la personne ? Or, elle prohibe ici la contrainte physique. Elle

(1) Meynial, *op. cit.*, p. 477.

n'autorise pas la contrainte par corps ; les tribunaux auront beau déclarer que force doit rester à la loi, nous dirions plus exactement aux jugements, ils devront bien s'incliner devant cette loi qu'ils invoquent. Le juge est donc limité dans ses pouvoirs par les textes mêmes de la loi, ou par les principes généraux de notre droit.

L'article 1142 impose aux tribunaux dans les hypothèses qu'il prévoit la résolution en dommages-intérêts.

Une personne, dit très justement M. Meynial, s'est engagée à en servir une autre et le juge lui ordonne de le faire sous peine de dommages-intérêts. Qu'importe à l'intérêt général que l'une ou l'autre satisfaction soit prestée. Il est désirable que les parties exécutent avec rigueur les conventions qu'elles ont passées : on peut les y inviter, leur donner toute facilité pour exécuter en nature, leur accorder des délais de grâce ; c'est tout.

Notre loi ne considère pas qu'il y ait délit à ne pas observer les clauses du contrat, et son inexécution ne peut entraîner une peine comme chez les Romains. Les dommages-intérêts, comme on le dit fort bien, se suffisent à eux-mêmes ; ils ne sont pas un « mode d'exécution de la condamnation à faire », mais une sanction de l'obligation de faire; les voies d'exécution sont limiativement déterminées par la loi ; la contrainte indirecte ne figure pas parmi ces voies.

Le juge ne peut faire ce que la loi n'a pas fait elle-même ; il ne doit se servir des dommages-intérêts que comme moyen de réparation, suivant les règles de l'article 1149 et rien de plus.

D'après M. Demolombe l'article 1142 interdirait aussi
bien l'usage de la contrainte indirecte que de la contrainte directe. C'est aussi notre opinion, toutefois l'article 1142 vise uniquement certaines hypothèses que
M. Demolombe détermine, et c'est pour ces hypothèses
seulement qu'il est vrai de dire que ce même article 1142 prohibe la contrainte indirecte. Ce point a cependant été contesté. L'article 1142, a-t-on dit, est inspiré uniquement par le respect de la liberté individuelle,
et l'on cite à l'appui de cette thèse l'exposé des motifs
que nous connaissons.

« Son but est d'éviter l'attentat sur la personne et
non pas d'assurer l'inexécution effective de certaines
obligations... Du moment que la personne du débiteur
n'est pas directement violentée, l'article 1142 ne fait
aucun obstacle à ce que le juge assure par tous moyens
l'exécution des condamnations qu'il prononce. Si le but
de la disposition était de prohiber la contrainte indirecte, il se serait contredit lui-même, car les dommages-intérêts qu'il autorise expressément peuvent avoir
aussi pour effet d'astreindre le débiteur, en le mettant
dans l'alternative de s'exécuter ou de perdre tout ou
partie de sa fortune... Pour nous, le seul motif qui nous
fait rejeter les astreintes, c'est que la loi ne connaît pas
de dommages-intérêts à titre de menace ou de peine ;
elle n'admet que les dommages-intérêts proportionnés
à la gravité de la faute et à l'étendue du préjudice » (1).

_______

(1) *Pand. belges*, V° *Astreintes.*

Cette théorie nous paraît inexacte ; elle ne tient pas un compte suffisant du mot « dommages-intérêts » prononcé dans l'article. Il est bien certain que si les articles 1146 et suivants n'étaient pas venus préciser le sens de l'article 1142, on aurait pu avoir quelque doute sur la véritable portée de cet article ; mais l'article 1142 prononce un mot que la suite viendra éclaircir ; par le seul fait de l'avoir prononcé, cet article indique que le juge doit jamais n'accorder que la réparation contenue dans cette expression, expliquée par l'article 1149.

On n'aperçoit nullement la contradiction reprochée alors à l'article 1142 ; car si les dommages-intérêts accordés à titre réparateur peuvent avoir pour résultat, comme on le dit, d'astreindre le débiteur, cette astreinte n'était pas dans l'esprit du juge, donc à vrai dire, elle n'existe pas ; il y aurait un véritable abus de mots à soutenir le contraire.

On a reproché à l'opinion de M. Demolombe d'être trop étroite, car, si la contrainte indirecte n'était interdite que par cet article 1142, il faudrait, dit-on, seulement en dispenser les obligations d'un fait personnel, puisque c'est seulement pour elles que l'emploi de la *manus militaris* est prohibé. Or, dit-on, c'est exactement ce qu'admet la jurisprudence.

Nous répondons qu'interpréter ainsi la pensée de M. Demolombe serait presque la dénaturer. L'éminent jurisconsulte ne dit pas, en effet, que la contrainte indirecte n'est interdite que par l'article 1142, il dit simple-

ment: l'article 1142 interdit la contrainte indirecte pour
les hypothèses qu'il prévoit. Pourquoi tirer de cette
simple affirmation un argument *a contrario*, pour dire
que la contrainte indirecte est autorisée pour les hypothèses qu'il n'a pas en vue? Nous réservons au reste
cette question pour le moment prochain où nous nous
occuperons des théories proposées par certains auteurs
pour expliquer l'astreinte.

Pour le moment, qu'il nous suffise de dire que nous
n'admettons les astreintes dans aucun cas. Tout contri-
bue à les faire rejeter, aussi bien les textes que nous
venons d'étudier (art. 1142, 1146, 1149) que les principes généraux de notre droit.

Avant d'être puni un accusé a le droit de demander
quelle est la loi qui incrimine son acte. La Cour de Paris, par un arrêt du 13 février 1877 (1) affirmait que le
texte existait, c'était le jugement qui condamnait à exécuter et sanctionnait la condamnation. Le débiteur « connaissait ce jugement et pouvait en arrêter les effets par
sa soumission ».

Ce raisonnement renferme une véritable pétition de
principes, car rien ne prouve que les tribunaux aient le
droit d'incriminer un fait.

Le législateur, quand il édicte une peine, en détermine
la gravité à l'avance, de manière à ne pas trop laisser à
l'arbitraire du juge. Ici rien n'est plus variable que le

_________

(1) V. S. 1878.1.299.

taux des dommages, puisque l'on ne prend plus comme critérium le préjudice causé. « Si le législateur avait autorisé le juge à les utiliser à titre de peine, il aurait manqué à ses devoirs en ne les limitant pas », et pourtant en matière répressive, le législateur renferme le droit dans de strictes limites. Une bonne législation, croyons-nous, doit laisser le moins possible à l'arbitraire du juge.

A Rome, le juge pouvait prononcer des peines privées pour violation d'un contrat.

La peine privée, ainsi que nous l'avons vu au début de ce travail, était une institution fort en honneur à Rome; les amendes au profit de la partie lésée étaient prononcées aussi bien en matière délictuelle qu'en matière contractuelle.

Chez nous le législateur a repoussé cette théorie qui avait la vengeance pour base ; nous avons dit cependant qu'on en rencontrerait encore une trace dans l'article 1302 du Code civil qui impose au voleur dans tous les cas la responsabilité de la perte de la chose volée.

Il n'y a plus d'amende au profit de la victime d'un fait délictuel : *nemo cum damno alterius locupletior fieri debet*.

Les auteurs qui n'admettent pas la réparation du préjudice moral, disent que ces amendes offriraient bien des avantages. On éviterait ainsi que la victime d'un

_______

(1) Voir M. Chausse, *De l'intérêt d'affection*, *Revue critique*, année 1895, t. 24, p. 441.

délit ne fût tentée parfois de se faire justice elle-
même ; on faciliterait en outre la répression de certains
attentats à l'honneur, surtout de ceux commis par la
voie de la presse. Pour des délits de cette nature, on
concevrait même, tant l'intérêt particulier l'emporte sur
l'intérêt social que l'amende privée constituât la peine
unique, sauf la faculté pour le juge de transformer la
peine en un emprisonnement ; ce serait là, dit-on, une
réforme très désirable, mais en l'état de nos textes les
juges civils commettraient une véritable usurpation du
droit de punir s'ils allouaient des sommes d'argent pour
la réparation d'un dommage extrapatrimonial. Nous
verrons plus loin ce qu'il faut penser de la réparation
du préjudice moral.

En matière civile donc, les peines n'existent pas.
Sans doute en cas de dol, la réparation du dommage
est plus intégrale ; il y a là comme une punition infligée
au débiteur dont profite la victime, mais elle a encore
pour but de réparer.

Nous rechercherons plus loin si le législateur ne pourrait pas actuellement renouveler avec utilité cette théorie de la peine privée dont profiterait la victime d'un
délit, ou de la non-exécution d'un contrat.

SECTION IV. — **De quelques essais de justification.** — Théorie de M. Labbé. — Théorie de MM. Aubry et Rau. — Théorie de M. Meynial. — **Leur réfutation.**

### §1. — Théorie de M. Labbé.

Les astreintes rendent en pratique de si réels services que d'excellents esprits ont essayé leur justification. Une théorie fort ingénieuse, et fort solidement établie, au moins en apparence, a été proposée par le savant M. Labbé.

Il se place sur le meilleur terrain pour justifier la théorie de la jurisprudence, et son système renferme une grande part de vérité. Il dit que les dommages-intérêts ont bien pour résultat d'appauvrir le débiteur, mais jamais d'enrichir le créancier. Jamais, affirme M. Labbé, d'après la jurisprudence elle-même, les dommages-intérêts ne doivent être supérieurs au préjudice causé, mais ils peuvent lui être plus ou moins inférieurs, à raison du degré différent de faute du débiteur (art. 1148).

Cela suffit pour qu'il puisse en résulter un moyen de contrainte, il est légal et c'est le seul que la jurisprudence a voulu employer.

« En effet, dit-on, pour voir s'il y a contrainte, c'est au point de vue du débiteur et non à celui du créancier qu'il faut se placer. Or, la valeur du fait à prester n'est pas toujours la même pour l'un et pour l'autre. Les dommages-intérêts, n'étant qu'un équivalent de la créance, seront donc souvent supérieurs à l'équivalent de la dette, d'où il suit que le débiteur sera plus ou moins poussé à exécuter son obligation en nature, suivant que les dommages-intérêts prononcés seront plus ou moins supérieurs à la valeur de la dette, tout en restant inférieurs ou égaux à la valeur de la créance. Cette pression exercée sur la volonté du débiteur est une contrainte.

« Même si la valeur de l'objet est égale pour le débiteur et pour le créancier, il pourra y avoir encore contrainte surtout dans les obligations légales. Elles ont en effet ceci de particulier que la valeur de leur objet est presque inappréciable (c'est par exemple l'obligation de livrer des enfants), et *si haut* que le juge fixe les dommages-intérêts, ils seront toujours inférieurs à la valeur du préjudice causé. Dès lors la contrainte résultera non pas de ce que le débiteur estime moins haut que le créancier l'objet de son obligation, mais de ce que la valeur de la réparation à donner paraîtra de plus en plus grande à mesure qu'il approchera de sa ruine. Donc il suffit pour qu'il y ait contrainte que les dommages-intérêts puissent varier au-dessous du préjudice causé. La contrainte ainsi comprise est légitime, elle résulte de ce principe que le créancier a droit à une réparation intégrale du dommage. C'est bien ce que la jurisprudence a voulu consacrer, car si on examine de près les arrêts, on peut remarquer qu'à côté de la notion de contrainte qu'elle fait intervenir, elle a toujours soin d'indiquer que cette contrainte existe dans les limites du préjudice (1). Ce qui cause l'erreur des interprètes, c'est qu'en matière d'obligations légales, le préjudice est de beaucoup supérieur à ce qu'il pourrait être, et les juges, bien que n'en atteignant pas la limite, semblent l'avoir dépassée (2). »

Telle est la théorie soutenue par l'éminent professeur ; elle consiste à établir une valeur différente à la prestation suivant qu'on l'envisage au point de vue du débiteur ou au point de vue du créancier. Le débiteur est toujours libre d'échapper à la contrainte en offrant de s'exécuter ; s'il ne l'a pas fait, il a montré par là qu'il préférait l'encourir ; dans son estimation, ce n'était pas payer son refus trop cher, et il trouvait plus avantageux de subir la peine que de s'exécuter.

Au premier abord, le système est séduisant ; et paraît être effectivement l'explication rationnelle de la pratique enfantée par la jurisprudence. Toutefois nous ne pouvons souscrire que d'une façon tout à fait partielle aux propositions émises par M. Labbé ; elles nous semblent critiquables sur plusieurs points.

Il est évident que la prestation change de valeur suivant qu'on l'examine du côté du débiteur ou de celui du créancier ; le créancier pouvait dans bien des circonstances espérer tirer bénéfice de l'opération qu'il avait

(1) Rejet, 25 mars 1857 ; Paris, 7 août 1876.
(2) Nous avons emprunté l'exposé à M. Meynial.

conclue ; par exemple, c'est un marchand de tableaux qui achète moyennant un certain prix une œuvre quelconque à un artiste. L'artiste refuse d'exécuter l'œuvre qu'il a promise ; l'acheteur aura droit non seulement au remboursement du prix s'il a déjà payé mais à des dommages-intérêts qui comprendront le bénéfice pécuniaire qu'il aurait pu avoir de la vente du tableau. Peut-on dire que cette différence entre le prix de vente par l'artiste et le prix que l'acheteur aurait pu revendre le tableau, constitue une contrainte à l'égard du débiteur ? Non évidemment. Car le débiteur, en n'exécutant pas son obligation, sait à quoi il s'expose ; il n'y a pas du tout dans les dommages-intérêts ainsi accordés l'idée de peine qui fait la base de la contrainte.

Pour apprécier les dommages-intérêts, c'est au point de vue du créancier qu'il faut se placer ; il y aurait contrainte si ce créancier touchait des dommages-intérêts plus élevés que ceux des articles 1148 et suivants ; dans le cas contraire, il y a simplement réparation. On conçoit qu'un débiteur soit amené à exécuter en nature son obligation par la peur d'encourir les dommages-intérêts, mais il n'y a pas plus de contrainte dans ce cas qu'il n'y en aurait au cas de saisie pratiquée sur les biens ; il n'y aurait pas astreinte dans le sens employé par la jurisprudence.

Si le préjudice éprouvé est surtout moral, les dommages-intérêts pourront atteindre une valeur considérable. Ici la quasi-contrainte s'aperçoit mieux, parce

que la valeur d'affection est difficilement appréciable ;
le débiteur ou celui qui est tenu de réparer un pareil
préjudice ne connaîtra jamais l'intérêt d'affection qu'un
individu peut attacher à une chose dont il est privé ; en
matière d'obligation légale, par exemple restitution à
un père d'enfants détenus illégalement, le préjudice
moral éprouvé par le père peut être immense ; mais
peut-on dire d'*une façon générale* que si haut que le
juge fixe les dommages-intérêts, ils seront toujours
inférieurs à la valeur du préjudice causé. Présentée avec
ce caractère de généralité, l'opinion de M. Labbé nous
semble un peu exagérée.

Voici un père qui, ayant obtenu à la suite d'un divorce
ou d'une séparation de corps la garde des enfants, se
contente de réclamer des dommages-intérêts à la personne qui les détient illégalement, sans essayer par les
moyens légaux que ses enfants lui soient rendus. Il
apprécie donc lui-même le préjudice moral qui lui est
causé ; et ce préjudice ne doit pas être bien grand, puisqu'il se passe si facilement de la garde de ses enfants.

Mais supposons un époux dans les mêmes conditions
qui demande que ses enfants lui soient rendus au moyen
de la force publique ; seulement il se heurte à une impossibilité. Les enfants ont été emmenés en pays étranger, et l'exequatur est refusé, ou bien on ignore leur
résidence. Il est certain que, dans ce cas, le préjudice
moral éprouvé est immense. Aucune compensation pécuniaire n'égalera l'affection dont le père ou la mère est

privé, le chagrin que lui cause l'éloignement de ses enfants. Dans ce cas, il est peut-être vrai de dire que les dommages-intérêts sont illimités comme la douleur est infinie, à moins qu'on ne considère comme réparable que ce qui peut être réparé ?

Quoi qu'il en soit, n'y a-t-il pas encore place pour d'autres solutions ? Les circonstances de la cause ne viennent-elles pas quelquefois éclairer la question. Ainsi par exemple, la jurisprudence belge qui admet pourtant la réparation du préjudice moral, considérait fort justement, à notre avis, dans l'affaire de Beauffremont, au sujet de laquelle justement avaient été émises les opinions de M. Labbé que les dommages-intérêts alloués au prince étaient exagérés. C'est que le prince de Beauffremont, pendant une longue période, n'avait fait aucune tentative pour avoir ses enfants. La somme allouée par les tribunaux français pouvait dès lors paraître exagérée, c'est ce que constate la Cour de Bruxelles qui dit bien que les dommages-intérêts avaient été accordés non à titre de réparation du préjudice pécuniaire ou moral, mais à titre de contrainte.

Pourtant on soutient que la Cour de cassation a bien soin de remarquer que la condamnation doit être proportionnée au préjudice. Sans doute, mais il ne faut pas se laisser prendre aux apparences : nous pensons que la théorie de M. Labbé ne tient pas un compte suffisant des intentions manifestes du juge.

Si les arrêts ne s'occupent que du préjudice, on ne

voit pas pourquoi la Cour de Paris, dans cette affaire de Beauffremont, prononce des dommages-intérêts « eu égard au dommage à réparer, mais en même temps proportionnels à l'importance des revenus dont la saisie a été demandée ». Qu'importent donc ces revenus ? La princesse de Beauffremont eût été beaucoup plus ou beaucoup moins riche que les dommages-intérêts auraient dû être portés au même taux, puisqu'on les fixe eu égard aux droits du créancier. Cette considération de la personne du débiteur implique forcément aux dommages le caractère de peine.

L'article de M. Labbé a été inspiré par une pensée généreuse ; l'auteur s'indigne de voir la fortune de mineurs dilapidée de la sorte au profit du père, il aurait voulu que les dommages-intérêts fussent alloués aux enfants dont l'intérêt était plus directement en jeu que celui du père, puisqu'il s'agissait de leur avenir. Le système adopté par la jurisprudence aboutit à priver les enfants de la fortune de leur mère ; fait très regrettable, sans doute ; mais si on admet que le père ait éprouvé de son côté un préjudice moral illimité, on est presque tenté d'excuser la jurisprudence ; seulement il aurait fallu qu'elle accordât également des dommages-intérêts aux enfants.

A vrai dire, les tribunaux hésitent continuellement entre deux idées opposées ; ils font un mélange de dommages-intérêts à titre de réparation et de dommages-

intérêts à titre pénal ; ce qui ne vaut pas comme réparation, vaut comme peine (1).

Il est fort à présumer que la jurisprudence emploie
toujours le même procédé. Or, si elle se sert des astreintes pour les obligations de faire ou de ne pas faire soumises à l'article 1142, pourquoi n'userait-elle pas du
même moyen, lorsqu'il s'agit d'obligations légales ?

On dit qu'il n'y a point de peine et la preuve en est
que le débiteur a mieux aimé subir la condamnation
que d'exécuter en nature.

Cette argumentation prouve trop ; jamais alors il n'y
aurait d'astreinte, puisque précisément l'astreinte suppose la résistance ; c'est, il nous semble, la condamnation du système proposé.

### § 2. — Théorie de MM. Aubry et Rau.

MM. Aubry et Rau critiquent la jurisprudence sur un
point et l'approuvent sur un autre point. L'autorité qui
s'attache au nom de ceux qui ont émis cette théorie nous
fait un devoir d'insister quelque peu (2).

S'agit-il d'obligations dont l'accomplissement exige
l'action personnelle du débiteur, c'est-à-dire de celles
qui se heurtent en général à l'impossibilité d'exécution
en nature ; ils déclarent que le débiteur ne saurait y
être contraint ; ni directement, ni indirectement.

_____

(1) V. l'étude de M. Labbé dans la _Revue pratique_, année 1881,
_Encore l'affaire de Beauffremont_, t. II, p. 83.
(2) V. Aubry et Rau, t. IV, p. 41.

S'agit-il d'une obligation dont l'accomplissement n'exige pas l'intervention personnelle du débiteur, et dont l'exécution forcée peut toujours être réalisée, MM. Aubry et Rau déclarent que le juge a le choix pour ordonner à son gré, soit l'exécution directe, soit un équivalent, soit une contrainte par jour de retard. Pour eux les astreintes deviennent légales dans ce cas.

Nous croyons que MM. Aubry et Rau ont pris le contre-pied de la véritable théorie rationnelle. Les astreintes ne sont jamais justifiables, mais si on essayait de les légitimer en théorie, il semble bien que la solution contraire s'imposerait ; car, dans les cas cités par les deux éminents auteurs, elles sont inutiles. A quoi bon employer la contrainte indirecte si la contrainte directe est possible ? La raison d'être de l'astreinte est précisément l'impossibilité d'obtenir directement l'exécution en nature.

Cependant MM. Aubry et Rau soutiennent que leur théorie se dégage de la jurisprudence.

Il existe en effet un grand nombre d'arrêts, qui, les uns contestent, les autres admettent la faculté pour les tribunaux de condamner à des dommages-intérêts exagérés. MM. Aubry et Rau disent que les premiers statuent sur des hypothèses tombant sous le coup de l'article 1142 ; les seconds sur des cas où on peut procurer l'exécution directe. Mais nulle part cette distinction n'est mentionnée dans les arrêts. On cite des exemples :

Le 26 juillet 1854 (1), la Cour de cassation rend un arrêt au sujet d'une condamnation pour un mari à 5 francs par jour de retard, tant qu'il n'apportera pas la ratification de sa femme qu'il avait promise, et confirme ces dommages-intérêts, mais en décidant qu'ils ne peuvent être dus qu'à raison du retard et non de l'inexécution. Il y avait bien dans l'espèce impossibilité d'exécution forcée directe ; pour ce motif, l'astreinte, dit-on, ne pouvait être prononcée. L'exemple cité n'est pas très bien choisi, car, dans notre cas, l'article 1120 du Code civil imposait cette solution. Il s'agissait de l'engagement d'un tiers ; or, d'après cet article, quand le tiers refuse de tenir l'engagement, il n'est dû par celui qui s'est porté fort qu'une indemnité, c'est-à-dire un équivalent.

Un autre arrêt est encore invoqué par les auteurs à l'appui de leur système. Il a été rendu par la Cour de Paris, le 4 juillet 1865 (2), Rosa Bonheur contre Pourchet.

Un jugement du tribunal de Fontainebleau avait condamné Rosa Bonheur à 20 francs par jour de retard apporté à la confection d'un tableau estimé à 8.000 francs. La Cour convertit cette condamnation en 4.000 francs de dommages-intérêts, faute de livraison dans les six mois. Il s'agissait bien ici d'un fait personnel au débiteur ; voilà pour MM. Aubry et Rau la raison pour

(1) S. 55.1.33.
(2) S. 65.2.233.

laquelle le refus du débiteur, aux termes de l'article 1142, devait entraîner la condamnation définitive en dommages-intérêts.

L'arrêt distingue en effet entre le refus et le retard; il décide qu'au cas de refus, il est impossible de condamner à tant par jour; mais il n'est ici nullement question d'astreinte; les 4.000 francs alloués sont uniquement la réparation du préjudice moral. La théorie soutenue par l'arrêt est inspirée simplement par cette idée *autrefois* admise qu'en présence d'un refus on devait liquider immédiatement les dommages-intérêts, au cas de l'article 1142.

Alors même que la décision rapportée eût été inspirée des idées que soutiennent nos savants adversaires, il ne faudrait pas tirer argument d'un arrêt isolé.

Puis MM. Aubry et Rau n'expliquent pas clairement leur solution. Ils nous parlent bien d'obligations dont l'accomplissement exige l'action personnelle du débiteur.

Mais pourquoi n'autorisent-ils pas l'emploi de l'astreinte en pareille hypothèse? Est-ce parce qu'il n'est pas possible alors d'avoir recours à la *manus militaris*? Mais n'y a-t-il pas aussi des cas, même en dehors de l'article 1142, où il peut y avoir impossibilité d'exécution directe? Pour quel motif ne pas permettre alors aux tribunaux de se servir de l'astreinte. Ce point n'est pas suffisamment précisé (1).

_________

(1) V. arrêts, Cass., 26 juillet 1854, S. 55.1.33 et 25 mars 1857, S. 57.1.267. — *Contrà* : Demolombe, t. XXIV, p. 497.

Quoi qu'il en soit, pourquoi cette différence entre l'impossibilité d'exécution résultant de l'article 1142, et celle résultant de faits non personnels? Qu'importe l'origine de cette impossibilité?

Il ne serait pas sans doute impossible de trouver des arrêts qui condamnent à des astreintes faute d'exécuter un acte fongible ou de livrer un bien, mais cela provient de l'incertitude et de l'hésitation des tribunaux plus que d'une méthode basée sur le raisonnement.

En effet, que dit la raison? C'est qu'il est désirable que les conventions soient exécutées de bonne foi ; mais on ne peut cependant obliger un artiste à faire un tableau, un acteur à jouer; de là l'idée d'un procédé détourné pour amener l'artiste à l'exécution. Mais à quoi bon user des mèmes moyens, si l'exécution directe est possible? Cela ne s'explique point, puisque les tribunaux doivent ou au moins peuvent ordonner l'exécution, s'ils ne l'ordonnent pas c'est qu'ils croient avoir une raison pour ne pas l'ordonner, c'est qu'ils estiment qu'il y a impossibilité, c'est qu'ils assimilent le cas à ceux prévus par l'article 1142.

Pour nous, nous sommes profondément convaincus que la jurisprudence se sert des astreintes comme moyen de vaincre une résistance dont rien ne saurait triompher, ou *dont il répugne peut-être à tort d'ordonner l'exécution directe*. Il suffit pour s'en rendre compte de se reporter à notre historique. On verra là la liste des arrêts, et on pourra se convaincre que, dans l'immense majorité des cas, l'astreinte sert à opérer une contrainte sur le débiteur, c'est de là que lui vient son nom ; on l'emploie chaque fois qu'on se heurte à une impossibilité d'exécution directe, comme celle qui résulte du refus par une personne de livrer certaines pièces, ou de faire certains actes (1).

MM. Aubry et Rau citent encore un arrêt de cassation du 16 février 1859 (2). Cet arrêt condamne bien faute de délaisser à 2 francs par jour de retard, mais il déclare que c'est à titre de préjudice. On ne peut donc pas dire qu'il y ait astreinte.

Nous ne partageons donc pas la façon de voir des deux jurisconsultes ; toutefois leur théorie a trouvé un écho ; c'est le système soutenu par M. Meynial auquel nous arrivons maintenant et dont nous ne dirons que quelques mots.

### § 3. — Théorie de M. Meynial.

M. Meynial a repris et developpé la théorie de MM. Aubry et Rau. Il croit trouver dans la jurisprudence une distinction entre les obligations de faire soumises à l'article 1142 et celles qui sont en dehors de son application. « On conçoit, dit-il, que dans ces dernières l'emploi de la contrainte indirecte ait paru plus légitime que dans les autres, car pour elles, l'exécution

(1) V. encore Cass., 26 juin 1878, S. 79.1.176.
(2) S. 59.1.592.

forcée en nature étant permise, il semble qu'on puisse, afin d'y parvenir, prendre *tous les moyens même différents de la manus militaris*. Les autres au contraire ne peuvent être exécutées en nature que du plein gré du débiteur. » Cette distinction, dit-on, peut servir à concilier des décisions en apparence contradictoires et l'on cite les cas que MM. Aubry et Rau avaient déjà mentionnés.

On oppose encore aux obligations conventionnelles d'un fait personnel les obligations légales, et on semble reconnaître aux juges le droit de prononcer des astreintes dans ce dernier cas; l'emploi de la *manus militaris* est ici parfaitement légitimé « si l'on résistait à la *manus militaris* ou à la saisie, le tribunal pourrait, d'après M. Meynial, prendre toutes mesures pour les faire triompher ».

Donc, ce qui autoriserait l'astreinte, ce serait l'emploi sinon possible au moins légitime de la *manus militaris* ; il y aurait là comme un critérium : là où la *manus militaris* serait permise, l'astreinte serait légale.

Le raisonnement, outre qu'il n'est certainement pas celui tenu par la jurisprudence, ne nous paraît pas concluant. Il faudrait tout au moins que les moyens employés fussent légaux. Or si la *manus militaris* peut être en certains cas une mesure légale, où a-t-on vu dans la loi que les dommages-intérêts pouvaient être accordés à titre de peine ?

(1) V. p. 477.

D'ailleurs, l'auteur que nous combattons n'admet pas l'emploi de la *manus militaris* pour toutes les obligations légales (1) ; dès lors, il faudrait peut-être faire une distinction et dire que, pour ces cas, l'astreinte ne serait pas autorisée.

A vrai dire, nous pensons que rien ne permet dans l'état actuel de notre législation de justifier la pratique de l'astreinte ; mais si l'on voulait pourtant légitimer théoriquement cette pratique, il faudrait dire que l'astreinte est la dernière ressource pour tenter de vaincre une résistance obstinée et obtenir une exécution en nature.

Son emploi s'explique pour les obligations soumises à l'article 1142 ; car là il est impossible d'obtenir directement satisfaction ; on en comprend encore l'usage dans les obligations légales, non pas pour cette raison que la *manus militaris* serait permise (ce serait plutôt un motif pour ne pas l'admettre), mais parce qu'il importe que les obligations légales soient fidèlement exécutées.

Toutefois ce n'est là qu'une pure légitimation théorique ; et il ne s'ensuit pas moins que toutes les astreintes soient illégales.

(1) V. p. 426, note 2.

## SECTION V. — Les astreintes en Belgique.

### § 1. — Notions générales.

On se figure généralement que la jurisprudence belge a suivi les vrais principes et ne s'est pas laissé égarer par des considérations de fait complètement étrangères à la solution du débat. C'est une erreur. Il est bien vrai que, pour une affaire célèbre entre toutes, elle semble s'être ressaisie, mais malheureusement elle n'a pas su montrer toujours la même fermeté et aujourd'hui elle suit ou à peu près les mêmes errements que notre jurisprudence.

Nous le déplorons, et nous avons ferme espoir qu'après avoir opposé une si vive résistance, elle ne se laissera pas emporter par le courant, et saura encore à l'occasion tenir haut et ferme le drapeau de la loi et des vrais principes.

Tout d'abord, la jurisprudence belge a, selon nous, le tort de prononcer à l'avance des dommages-intérêts. L'usage des condamnations *in futurum* devait, nous l'avons dit bien souvent, donner naissance aux décisions comminatoires ; mais le chemin suivi par la jurisprudence belge est différent de celui qu'ont suivi nos tribunaux, pour l'élaboration de cette fameuse théorie des astreintes.

En Belgique, de très longue date, l'idée de peine fut

admise ; on ne peut pas dire que cette idée est née du
caractère comminatoire de l'astreinte, comme cela paraît être chez nous ; elle provient plutôt d'une remarque
faite de très bonne heure par la jurisprudence belge,
que la peine est parfaitement légitime en cette matière.
Cette peine, étant légale aux yeux des tribunaux, n'avait
pas besoin au début de s'abriter derrière le caractère
comminatoire de l'astreinte.

C'est en Belgique que nous voyons pour la première
fois justifier les astreintes au moyen des lois romaines
(loi 1<sup>re</sup>, livre 2, titre 3 du Digeste), que nous avons re-
produites au début de notre étude. Cette justification
n'est pas exacte. La résistance aux ordres de la justice
à tort ou à raison n'est pas considérée comme un délit
et ne peut entraîner de peine. L'article 9 de la Constitution belge est ainsi conçu : « Nulle peine ne peut
être appliquée et établie qu'en vertu de la loi. »

Ceux qui sont partisans des astreintes soutiennent
que « force doit rester à la loi, qu'il faut à tout prix
vaincre la résistance du débiteur »; mais alors on ne voit
pas pourquoi l'astreinte serait limitée ; elle doit augmenter avec la persistance du refus, elle pourra atteindre des proportions gigantesques.

N'y a-t-il pas là une véritable confiscation des biens ?
l'article 12 de la constitution dit cependant que la peine
de la confiscation des biens ne peut être établie (1).

_________

(1) Dareste, *Constitutions modernes*, t. 1, p. 70.

Certes, il ne faut pas prendre le mot confiscation au sens que lui donne l'article 12, qui est l'expropriation de tout ou quotité d'un patrimoine au profit de l'État à titre de peine principale ; mais pourquoi permettrait-on alors l'expropriation au profit d'un particulier. Qu'on ne vienne pas dire que, quand les dommages-intérêts sont élevés ou que le patrimoine saisi est minime, celui-ci est bien souvent englouti, et cependant il n'y a pas confiscation dans le sens de l'article 12 de la constitution (1). On voit immédiatement le côté faible de ce raisonnement ; évidemment, dans les cas qu'on nous cite, la ruine du débiteur peut se produire, mais c'est là un simple accident, non prévu, non cherché ; il y a, il nous semble, un véritable paradoxe à vouloir rapprocher ces cas de ceux où la ruine est certaine, inévitable, calculée ; l'esprit de l'article 12, sinon son texte littéral, est contraire au procédé des astreintes.

La doctrine belge critique du reste la jurisprudence (2) que nous allons maintenant étudier.

### § 2. — De la jurisprudence.

La jurisprudence belge n'a pas toujours eu la même fermeté que la doctrine (3) ; l'idée de peine fait son

(1) V. *Pand. belges*, Vᵒ *Astreintes*.

(2) V. Laurent, t. XVI, p. 301 et 302, et t. XX, nᵒ 142 ; Arntz, *Droit civil*, t. I, nᵒ 381, t. III, nᵒ 58.

(3) *Pand. fr.*, *Abandon d'époux*, nᵒˢ 79 et suiv. ; action *ad futurum*, nᵒ 17 *bis*.

apparition de meilleure heure que chez nous, on la trouve même séparée au début de l'idée comminatoire.

Un arrêt de Bruxelles du 1ᵉʳ avril 1824 (1) admet que le juge peut condamner la femme au paiement d'une somme d'argent pour chaque jour qu'elle tarde à réintégrer le domicile conjugal, comme moyen coercitif, par forme de pénalité, à titre d'amende.

Un autre arrêt de la même Cour du 8 mai 1828 décide que le juge peut augmenter la somme qui avait été prononcée contre la femme pour chaque jour de retard qu'elle met à réintégrer le domicile conjugal « et cela sans qu'il conste d'un dommage éprouvé, mais uniquement comme moyen de contrainte (2) ».

Il était question d'obligations légales ; la peine pouvait être établie irrévocablement.

Mais il a été également jugé que le jugement portant une pénalité contre la partie qui ne terminera pas les opérations d'un partage dans un délai déterminé ne peut être regardé comme renfermant une véritable condamnation, mais une simple commination de peine (3), et encore que lorsqu'un jugement enjoint à une partie de prester un fait en déterminant une peine par chaque jour de retard, en vue d'assurer l'exécution de l'ordre qu'il donne, cette fixation est provisoire ou com-

(1) *Pasicrisie*, 24, p. 92.
(2) *Pas.*, 1828, p. 173 ; V. *Pand. B., Abandon d'époux*, nᵒˢ 84 et 85.
(3) Gand, 13 nov. 1832, *Pas.*, 32, p. 270.

minatoire et peut être ultérieurement réduite au taux
du préjudice réellement souffert (1).

Ce dernier arrêt est remarquable ; il fait bien voir la
double idée sous l'impulsion de laquelle agit sans cesse
le juge ; car après avoir parlé de la nécessité d'établir
une peine « pour assurer dans l'intérêt de la loi l'exécution des ordres qu'elle autorise le juge à donner (2) »,
il dit que cette peine ne peut être et n'est qu'une fixation provisoire du préjudice futur.

Il y a là une contradiction évidente ; quel rapport
voit-on entre la peine et le dommage ? et que serait
d'ailleurs une peine qui consisterait uniquement à fixer
d'une façon éventuelle et comminatoire un dommage
futur ? C'est se méprendre sur le sens des mots ; la peine
punit, les dommages-intérêts réparent. Une peine répa-
ratrice ne serait autre chose qu'une appellation dégui-
sée des dommages-intérêts. D'ailleurs, les peines comminatoires sont supprimées. On comprendrait l'idée de
peine, si elle était légale, mais, il faudrait que cette
peine soit établie de façon définitive.

Quant aux dommages-intérêts comminatoires, nous
savons à quelles critiques ils sont exposés ; le juge pourtant s'obstine à les accorder, mû par une idée d'équité,
qui le hante et l'obsède, car, dit-il : « Si le juge peut réparer d'une manière juste et positive le dommage exis-

(1) Civ. Brux., 30 décembre 1843 et Brux., 27 mars 1844, *Pas.*,
1844, p. 129.
(2) L'arrêt invoque exclusivement le droit romain.

tant, il ne peut évaluer que d'une manière *douteuse et approximative* l'étendue d'un dommage éventuel et futur (1). »

Nous prenons acte de cet aveu.

La Cour de Liège a condamné dans le même sens, par arrêt interlocutoire, une partie « à produire et verser à la cause dans les deux mois de la signification de l'arrêt, le compte de tutelle avec les pièces justificatives à peine de 100 francs pour chaque jour de retard (2) ».

Plus tard dans l'arrêt définitif, on décida (3) que cette condamnation présentait simplement un caractère comminatoire, et qu'on ne pouvait y attacher les effets de la chose jugée.

Cependant un arrêt de la même Cour (4), ordonnant l'exhibition d'une pièce dans un certain délai, sous peine de 10 francs par jour de retard, décide que la pénalité est acquise par le seul fait du retard, sans autre justification.

Voilà toute une liste d'arrêts qui admettent les astreintes ; mais bientôt nous allons voir un revirement se produire : c'est comme une deuxième phase dans la théorie des astreintes en Belgique.

Un jugement du tribunal de Louvain du 26 mars 1874, décide que le mari ne peut obtenir contre la femme en

(1) Arrêt précité.
(2) Liège, 24 juillet 1862. *Pas.*, 63, p. 133.
(3) V. les consid., *Pas.*, 64, p. 57.
(4) Pas., 1868, p. 219, *Pand. B.*, *act. ad exhibendum*, n<sup>os</sup> 21 et 27.

faute d'avoir quitté le toit conjugal une condamnation
pécuniaire, « ni à titre de pénalité, parce que le tribunal n'a pas le pouvoir d'en décider, ni à titre de dommages-intérêts par la double raison que le mariage ne
place pas les époux l'un vis-à-vis de l'autre dans la situation d'un créancier vis-à-vis d'un débiteur, et que le
mari n'alléguait ni ne prouvait que le refus de la femme
lui faisait éprouver un dommage matériel (1) ».

La Cour ne partage pas cet avis ; elle se base sur la
loi romaine et décide que les tribunaux peuvent sanctionner leurs décisions par des clauses pénales ; elle
condamne la femme à 5 francs par jour de retard
(31 mars 1877).

Sur pourvoi, la Cour de cassation rejeta (2).

Elle ne parle plus de pénalité ; elle dit seulement
que les dommages-intérêts à tant par jour de retard ne
font en réalité que déterminer l'indemnité due à raison
du dommage qu'entraîne pour le mari l'inexécution de
la sentence ; que cette détermination appartient à l'appréciation souveraine du juge et que l'indemnité ainsi
arbitrée n'a pas les caractères de la peine dont s'occupe
l'article 9 de la Constitution, ni ceux de la confiscation
interdite par l'article 12 (3).

Les conclusions du demandeur demandaient une

(1) Louvain, 26 mars 1874, *Pas.*, 74, p. 172.
(2) Le pourvoi invoquait la violation des art. 9 et 12 de la Constitution ; la violation et la fausse application des articles 5, 214, 1142,
1149, 1150, 1226 et 1229 du Code civil.
(3) Cass., 9 janvier 1879, *Pas.*, 79, p. 50.

somme d'argent à titre de dommages-intérêts. La Cour
de cassation décide que, malgré ses motifs, c'est en
réalité des dommages-intérêts et non une astreinte que
l'arrêt d'appel a prononcés ; elle évite avec soin tout ce
qui rappelle les considérants de l'arrêt d'appel ; que
serait-il donc arrivé si le mari avait réclamé la somme
uniquement à titre de peine, sans alléguer même indirectement de dommages ? Il est fort probable que le
jugement qui aurait adopté ces conclusions eût été
cassé. Mais les plaideurs en général envelopperont ha-
bilement la notion d'astreinte sous la couleur de dommages-intérêts. Les tribunaux ne sont que trop dispo-
sés à admettre que la résistance à leurs injonctions
cause préjudice et à l'apprécier très largement ; c'est ce
que démontre bien clairement un jugement du tribunal
de Louvain, confirmé sur appel, et dont le pourvoi fut
rejeté par la Cour de cassation.

Une femme séparée de corps, et privée de la garde
de son enfant, demandait au tribunal de Louvain (1)
de voir son enfant à des époques déterminées sous
peine de 2000 francs de dommages-intérêts à chaque
contravention.

Le jugement, sans contenir de motifs spéciaux sur ce
point, lui accorda 1000 francs par chaque contravention constatée par une mise en demeure. La Cour de
cassation, sur le pourvoi formé contre l'arrêt confir-

______

(1) Louvain, 10 juillet 1882 (non publié), et rejet Cass., *Pas.*,
1883, p. 67.

matif de la Cour de Bruxelles, dit que les tribunaux, en prescrivant une obligation à l'une des parties, ont le droit de déterminer les dommages-intérêts qu'elle devra pour contravention, que ce n'est pas là une peine, mais une réparation admise par le Code civil.

Mais pendant que la procédure suivait son cours, devant la Cour de cassation, le défendeur se refuse à laisser voir l'enfant ainsi que le jugement l'avait ordonné et propose en même temps la somme de 1000 fr. La demanderesse intente alors une nouvelle action devant le tribunal de Louvain pour faire porter à 5000 fr. l'indemnité de 1000 francs, disant « que l'attitude du défendeur devant l'exécution des décisions de la justice avait d'une part augmenté le dommage moral, que la mère éprouve pour chaque contravention et d'autre part qu'il y avait lieu de majorer l'astreinte pour ne pas laisser ses décisions mortes et inefficaces ».

Le tribunal de Louvain, comme il l'avait déjà fait le 26 mars 1874 pour une affaire analogue, répondit que ce n'était pas à titre de pénalité pour infraction à l'ordre du tribunal que le défendeur avait été condamné éventuellement à la somme de 1000 francs ; que, d'après l'article 9 de la Constitution, nulle peine ne peut être établie qu'en vertu d'une loi, et qu'aucune disposition légale ne permet aux juges de prononcer des peines pour forcer à l'exécution de leurs jugements ; que la somme allouée pour chaque refus constituait la réparation du dommage moral éprouvé par la mère, et que la

résistance du père et les démarches de la mère n'étaient
pas des causes nouvelles de préjudice (1).

Sur appel, la Cour de Bruxelles ne partagea point
l'appréciation du tribunal de Louvain : elle admit la
réalité d'un dommage nouveau et porta l'indemnité à
2000 francs pour chaque contravention nouvelle (2).

Si l'on rapproche cet arrêt de celui rendu par la
même Cour le 31 décembre 1877, on remarquera la
différence qui sépare ces deux arrêts : tandis que celui
de 1877 parlait de pénalité, celui de 1883 reste strictement sur le terrain des dommages-intérêts.

Pourtant le résultat obtenu est le même : la ruine du
débiteur ; la différence subsiste seulement dans la
cause juridique, mince consolation que le malheureux
débiteur ne saura probablement pas apprécier.

« Attendu, dit la Cour de Bruxelles, qu'il importe
dans l'appréciation du chiffre du préjudice de tenir
compte de la position sociale des parties ; et qu'en arbi-
trant à 2000 francs le dommage à subir par l'appelante
pour chaque contravention nouvelle à l'exercice de son
droit de voir son enfant, la Cour reste dans les bornes
d'une sage modération, etc. »

Ce jugement renferme, à notre avis, une erreur ; il n'y
a nullement à tenir compte dans l'allocation des dom-

____________

(1) Louvain, 16 mars 1884 (non publié) (on peut voir que le jugement de 1874 n'admettait pas le dommage moral, alors que celui
de 1883 l'admet bien).

(2) Bruxelles, 4 juin 1883, *Journal des Tribunaux*, 1883, p. 410.

mages-intérêts de la position sociale des parties, mais uniquement du préjudice moral éprouvé.

Puis il nous semble inexact d'affirmer que la résistance aux ordres de la justice entraîne ici un préjudice moral plus grave. La Cour dit que le tribunal de Louvain n'a évidemment statué que pour le cas exceptionnel d'une opposition isolée aux entrevues de l'appelante avec sa famille ; que la volonté fermement exprimée au nom de l'intimé de s'opposer d'une manière absolue, jusqu'au jour où son enfant aurait atteint sa 18e année à tout rapprochement avec sa mère, crée une situation nouvelle sur laquelle la justice ne s'est pas prononcée...

Pourtant, le tribunal de Louvain lui-même avait décidé « que la somme allouée pour chaque refus constituait la réparation du dommage moral éprouvé par la mère, et que la résistance du père et les démarches vaines de la mère n'étaient pas des causes nouvelles du préjudice ».

Mais alors, un deuxième juge aurait donc le droit de connaître d'une interprétation que le premier juge aurait faite de son propre jugement ; c'est un peu excessif, comme nous avons eu déjà occasion de le dire.

Si le premier juge avait eu seulement en vue le dommage causé par une contravention, la volonté persistante du père de ne pas laisser voir les enfants par leur mère augmentait encore le préjudice moral, et c'est en ce sens que l'on peut dire que parfois la résistance aux ordres de la justice devient un tort plus grave. Mais ici le premier juge déclarait lui-même que la somme accordée constituait la réparation intégrale du dommage ; la Cour a pu reconnaître qu'il était insuffisant, mais elle n'avait pas à essayer d'interpréter, mieux que leurs auteurs, une décision.

Il ne faut pas se payer de mots. Les dommages-intérêts à titre de réparation diffèrent profondément de ceux accordés à titre de peine ; et il suffirait d'introduire cette idée d'aggravation de dommage encourue par la désobéissance aux ordres de la justice, pour que, comme par enchantement, les barrières qui séparaient les astreintes des simples dommages, disparaissent.

On aurait trouvé le mot magique, le « sésame, ouvre-toi » pour atteindre légalement le résultat cherché.

Qu'est-ce à dire ? tout simplement que l'on considère comme une faute la désobéissance aux injonctions des jugements ; or, la faute doit entraîner un châtiment, c'est-à-dire une peine ; mais l'astreinte n'est pas autre chose ; elle a du moins le mérite de la franchise, et ne cherche pas à dissimuler l'illégalité qu'elle renferme, sous le couvert de dommages-intérêts.

Car s'il était vrai de dire que la volonté persistante de ne pas tenir compte des décisions de la justice est une cause nouvelle de préjudice, l'astreinte se trouverait du même coup justifiée, au moins en tant que pénale. On ne comprendrait pas le refus de l'admettre, car elle consisterait seulement dans la majoration que ces dommages-intérêts subissent par suite de la résistance obstinée du débiteur.

La jurisprudence belge semble être revenue aux véritables principes dans la célèbre affaire de Beauffremont.

On se souvient des faits : la princesse de Beauffremont, à la suite de circonstances que nous avons racontées, avait été condamnée à remettre les enfants au couvent du Sacré-Cœur de Paris, sous peine d'une astreinte considérable pendant le premier mois et encore plus forte durant le second (500 francs pour le premier mois, et 1.000 francs pour le second, par jour de retard). La princesse n'obéit pas à l'ordre que renfermait le jugement ; la Cour de Paris décida par un arrêt du 12 février 1877 :

« Qu'en présence de la résistance qu'il s'agissait de vaincre, la justice devait d'autant moins hésiter à recourir à une contrainte pécuniaire d'une durée égale à celle de l'obligation, qu'il dépendait de la princesse d'en prévenir et d'en arrêter les effets par sa soumission aux ordres de la justice », et elle condamna la princesse au paiement de 1.000 francs par jour de retard apporté à la remise des enfants, et ce sans interruption et jusqu'à leur majorité.

La Cour de Paris énonce encore dans ses considérants :

« Qu'en réduisant à de simples dommages-intérêts, la sanction que demandait le prince, il convenait de la proportionner à la résistance de la princesse, au dommage à réparer, et à l'importance des revenus dont la saisie-arrêt était poursuivie.

Pour obtenir paiement de ces condamnations, le prince de Beauffremont, après avoir fait vendre le domaine de Ménars, bien que les époux fussent mariés sous le régime dotal (1), fit aussi saisir certaines valeurs mobilières appartenant à la princesse et déposées en Belgique dans l'arrondissement de Charleroi. La princesse, assistée de son mari, le prince de Bibesco, résista à la demande, en invoquant la validité du second mariage.

Le 3 janvier 1880, jugement du tribunal civil de Charleroi qui condamne le demandeur à payer à la défenderesse à titre de dommages-intérêts la somme de 15.000 francs. Appel par le prince de Beauffremont ; le 5 août 1880, arrêt de la Cour de Bruxelles (2).

Cet arrêt s'élève avec énergie contre le système des tribunaux français ; c'est celui que l'on cite en général pour montrer que la jurisprudence belge a suivi d'autres principes que ceux adoptés par notre jurisprudence, et s'est tenue strictement sur le terrain de la loi.

« Attendu, dit cet arrêt, que si toute obligation de faire se résout en dommages-intérêts en cas d'inexécution, ceux-ci ne peuvent dépasser le préjudice réel qui en est la conséquence, ni se mesurer à la force de résistance et à l'importance des revenus de la partie en demeure de s'exécuter ; attendu que, dans ces conditions,

(1) Orléans, 26 décembre 1878, D. 79.2.48 ; Req., 10 juin 1879, D. 80.1.418.
(2) D. 1882. 2.81.

la condamnation prononcée est sans rapport aucun avec le dommage qu'éprouverait le prince de voir ses enfants retenus auprès de leur mère.

Attendu d'autre part, qu'aucune disposition légale n'autorise les tribunaux civils pour assurer l'exécution de leurs décisions à prononcer des condamnations pécuniaires à titre de sanction ou de contrainte.

Que cette pratique consacrerait une véritable usurpation du droit de punir d'autant plus dangereux qu'il serait abandonné à l'arbitraire, alors qu'en matière répressive le législateur même renferme ce droit dans de strictes limites ; que ces principes sont d'ordre public ; que le danger de leur violation résulte à l'évidence des conséquences mêmes des arrêts de la Cour de Paris qui ont permis au prince de faire vendre judiciairement à moins de un million le domaine de Ménars, évalué par le partage à 1.625.000 francs, bien dotal, qui, sous l'égide du principe de l'inaliénabilité aurait dû un jour appartenir à ses enfants ; que, de plus, il a vendu le mobilier garnissant cette propriété pour une somme, suivant les dires des parties, d'environ 300.000 francs et que la saisie-arrêt dont il poursuit aujourd'hui la validité en Belgique frapperait encore les derniers restes de la fortune de la princesse sans éteindre sa dette, et en consommant peut-être la ruine des enfants dont l'intérêt seul semblait devoir animer cette longue et désastreuse procédure » par ces motifs, l'arrêt repoussait la demande du prince.

Nous n'avons pu résister au désir de transcrire les considérants de ce jugement ; c'est un modèle de clarté et de précision.

Malheureusement la jurisprudence belge n'a pas su persister dans la voie que cet arrêt lui avait tracée.

Elle a, sans s'en douter, traité parfois le débiteur avec une rigueur qui nous fait soupçonner qu'elle donne le nom de dommages-intérêts à ce qui est véritablement une astreinte (1).

Une condamnation pécuniaire, dit un arrêt de la Cour de Bruxelles, pour retard dans l'exécution d'une décision judiciaire, constitue non une pénalité dans le sens répressif, le seul que prévoit l'article 9 de la Constitution, mais une indemnité pour l'inexécution d'une obligation autorisée par les articles 1142 et 1226 du Code civil.

Or, il s'agissait ici d'une condamnation à 1000 francs par jour de retard dans l'exécution d'un jugement qui ordonnait à une partie de restituer des biens ; incontestablement, cette somme de 1000 francs était une astreinte, car le préjudice n'était même pas allégué.

En résumé, la jurisprudence belge a fait d'heureux efforts pour remonter le courant, puis a fini par se laisser entraîner ; nous espérons fermement qu'à l'avenir elle maintiendra avec plus de rigueur les vrais principes, et qu'elle ne se contentera pas de couvrir une illégalité d'une apparence légale.

(1) V. Cour Bruxelles, 23 juin 1887, D. 88.2.311.

# APPENDICE

DU PRÉJUDICE MORAL.

C'est une question fort controversée que celle de savoir si notre loi admet la réparation du préjudice moral. La majorité des auteurs se prononce pour la négative, on invoque à l'appui de cette thèse des raisons de différentes catégories.

L'argent, dit-on tout d'abord, ne saurait remplacer que ce qui est estimable pécuniairement. L'affection, le chagrin, l'honneur sont des sentiments intimes, personnels, qui répugnent par leur nature même à toute évaluation pécuniaire ; lésions extra-patrimoniales, elles ne peuvent trouver leur réparation dans ce patrimoine.

Donc, toute évaluation pécuniaire serait empreinte ici du caractère le plus arbitraire ; elle serait une véritable peine privée inconnue dans nos lois.

On ajoute d'autres raisons tirées de la tradition et des textes du Code civil.

Le droit romain ne connaissait pas la réparation du préjudice moral ; les textes parlent seulement du *damnum emergens* et du *lucrum cessans* (1) et ces traditions

(1) Une constitution de l'empereur Justinien de l'année 530 déci-

ont passé dans notre droit. C'est ce que démontre l'article 1149 : « Le dommages-intérêts dus au créancier, sont en général de la perte qu'il a faite et du gain dont il a été privé. »

L'expression *en général* voudrait dire que c'est la règle, mais le taux indiqué ne pourrait être dépassé, ainsi que le prouvent les articles suivants, qui viennent apporter à la règle des tempéraments (1).

Ceux qui estiment, au contraire, que la réparation du préjudice moral est parfaitement légale, raisonnent de la façon suivante :

Il n'est pas exact de dire qu'un dommage moral ne peut pas être réparé pécuniairement ; sans doute par la force même des choses, la réparation ne saurait être adéquate au préjudice, mais de ce que le dédommagement ne peut être qu'approximatif s'ensuit-il qu'il doive faire défaut ? Pourquoi un fils ne pourrait-il pas exiger de dommages-intérêts du meurtrier de ses parents, quand ceux-ci n'étaient pas en état de lui venir en aide ? Pourquoi un homme, dont on a, par des écrits injurieux ou diffamatoires, compromis la réputation, ne pourrait-il obtenir de réparation pécuniaire à moins qu'il ne soit commerçant ou industriel ?

Au reste, le droit romain lui-même tenait largement

dait même qu'en cas d'obligation ayant un objet déterminé, les dommages-intérêts fixés par le juge ne pourraient excéder le double de la valeur de la chose due (L. unic. C. *de sentent.*, VII, 47.

(1) V. Dalloz, *Rép.*, *Obligations*, nº 778 ; *Responsabilité, supplément*, p. 522. — *Contrà*, Metz, 20 février 1863, S. 63. 1.320.

compte du préjudice moral ; les Romains connaissaient les peines privées, aussi bien en matière de contrats qu'en matière de délits ; on cite le délit d'injure, les actions pénales ; pour déterminer le taux de la condamnation, on avait égard à la gravité de l'offense, au rang et à la considération de la victime. Dans les contrats de bonne foi. l'intérêt d'affection était largement apprécié ; dans certaines hypothèses notamment au cas de dol, le montant de la condamnation était fixé par le demandeur lui-même sous serment ; il ne manquait pas de tenir compte de la valeur d'affection.

Rien ne prouve que le Code civil ait suivi une autre voie. On invoque l'article 1149, mais par les expressions « en général » de cet article, le législateur semble réserver les cas où le dommage à réparer serait d'un autre ordre. La théorie des dommages-intérêts n'est pas aussi étroite qu'on veut bien le prétendre ; ce qui le prouve, c'est que l'article 1150 distingue entre l'inexécution dolosive et celle qui est simplement imputable à faute ; on se préoccupe donc des mobiles, des sentiments qui ont poussé le débiteur à l'inexécution, et pourtant tout cela devrait être sans influence sur l'étendue de la perte éprouvée par le créancier qui ne devrait avoir à prouver que le rapport de causalité entre la faute et le préjudice ; si pareille distinction a été faite, c'est que le Code attache au dol une sorte de pénalité. Mais il n'y a même pas besoin de cette idée de peine pour justifier la solution ; ce n'est pas infliger une punition au débiteur que de l'obliger à réparer le préjudice moral ; il n'y a pas enrichissement pour le créancier qui préférerait l'exécution en nature à la condamnation pécuniaire ; quant au débiteur il ne subit pas d'appauvrissement puisqu'il considère la condamnation comme plus avantageuse que l'exécution de sa promesse.

L'article 1382, dont la formule est aussi compréhensive que possible, ne fait aucune distinction entre le dommage matériel et le dommage moral (1).

Nous reconnaissons que la question est fort embarrassante ; à notre avis, la concision de la loi ne permet guère de pouvoir affirmer quelle a été l'intention du législateur ; il est probable qu'il n'a pas prévu la question. On comprend aisément dans ces conditions l'embarras de la jurisprudence. Avant que la théorie des astreintes ne fût solidement établie, les tribunaux se préoccupaient parfois du tort moral (2) ; mais depuis que les astreintes se sont développées, il est assez difficile de savoir, au moins en matière contractuelle, si le préjudice moral est réparé, car, en général, il se trouve caché par l'idée de peine. Cette peine aboutit en définitive à réparer le dommage moral, mais ce résultat n'est atteint qu'inconsciemment et par une voie dont la légalité est des plus douteuses.

(1) Voir l'étude très intéressante de M. Chausse sur l'intérêt d'affection. *Revue critique*, année 1895, tome 24, p. 446.

(2) V. Toulouse, 2 mars 1841. Dall., *Rép., prise à partie*, no 38. Cour Paris, 4 juillet 1885 (déjà cité, Rosa Bonheur contre Pourchet).

Il existe toute une catégorie d'obligations où le préjudice pécuniaire est à peine perceptible : ce sont les obligations légales. Si la réparation pour préjudice moral n'est pas admise, la justice va se trouver désarmée dans un cas où il serait le plus utile qu'elle puisse agir avec fermeté ; les astreintes sont donc ici d'un précieux secours. Elles sont souvent un excellent moyen pour réaliser le vœu de la loi qui est l'exécution en nature ; l'appréciation toujours délicate du dommage matériel et surtout moral est ainsi évitée ; car la principale préoccupation des juges est alors de punir ; l'idée de réparation n'apparaît qu'au second plan et d'une façon tout à fait subsidiaire.

Mais les astreintes sont contraires aux principes actuels de notre droit ; rien ne les justifie ; en tant que comminatoires, elles se heurtent à des difficultés irréductibles, et on ne conçoit pas qu'un législateur, après avoir aboli par l'article 1029 du Code de procédure les dispositions comminatoires de ce Code, puisse les rétablir pour certaines hypothèses, il y aurait là un défaut de concordance et de symétrie.

Le caractère pénal s'explique mieux. On comprendrait très bien en théorie qu'une peine vînt frapper le débiteur qui, de mauvaise foi, refuse d'exécuter ses engagements. Mais quelle serait cette peine, faudrait-il laisser au juge un pouvoir discrétionnaire pour l'apprécier, ou au contraire devrait-on établir certaines limites et indiquer le taux de l'exagération ?

Question fort délicate ; on a proposé de fixer chaque fois qu'il serait possible, par exemple quand le préjudice moral serait accompagné d'un préjudice pécuniaire, un certain chiffre qui pourrait être, le double, le triple du préjudice pécunaire (1).

Si le préjudice moral existe seul, il faudrait se contenter de l'appréciation souveraine du tribunal. L'auteur qui voudrait voir cette théorie figurer dans nos lois considère que le préjudice moral n'est pas réparable en argent ; la nécessité d'une sanction pénale, d'une peine civile, s'impose alors d'une façon plus impérieuse.

Il ne faudrait pas croire, du reste, qu'avec le système des astreintes, tout préjudice moral pourrait être réparé indirectement.

En effet, la théorie est sans application dans beaucoup de cas ; elle ne trouve pas de place lorsque l'exécution est devenue impossible ; certains disent aussi qu'elle devrait être écartée lorsque le débiteur répond par un refus formel à la demande d'exécution ; mais, à notre avis, c'est encore une fois dans cette hypothèse, au contraire, qu'elle devrait se montrer plus rigoureuse.

Voilà donc quels sont les différents systèmes : en principe, nous ne sommes pas opposés à la réparation du préjudice moral. Des jurisconsultes éminents (2) l'admettent.

(1) V. Massin, *op. cit.*, p. 440.
(2) Laurent, t. XX p. 415 ; Aubry et Rau, tome IV, p.479. Code fé-

En Angleterre, les juges, sans craindre le reproche de l'arbitraire, ont su assurer à tous les intérêts légitimes une protection efficace ; les juges anglais se montrent d'une rigueur impitoyable à l'égard de quiconque a causé à autrui un préjudice moral. C'est surtout en matière de rupture de promesse de mariage, et en matière d'adultère que cette sévérité se fait remarquer. Les tribunaux anglais ne sont pas arrêtés par de vains scrupules et par ces idées souvent répétées que l'honneur et la réputation ne peuvent s'estimer en argent, et ils condamnent à des dommages-intérêts considérables celui qui a rompu une promesse de mariage, celui qui a commis un adultère (1).

Des solutions semblables ont quelquefois été admises par notre jurisprudence, on conçoit fort bien la répulsion instinctive d'un mari trompé à tirer profit d'un adultère, mais s'il réclame des dommages-intérêts, pourquoi et au nom de quel principe supérieur les lui refuserait-on sans au moins examiner ses griefs ?

Cette opinion est celle de beaucoup d'esprits distingués (2).

déral suisse des obligations, art. 55. — Le nouveau Code civil allemand a une tendance à n'accorder réparation que du dommage matériel, art. 253 du C. civ. allemand. « Si le dommage n'est pas relatif aux biens, une indemnité en argent n'est due que dans les cas déterminés par la loi. » Traduction de M. Raoul de la Grasserie. — La jurisprudence belge admet le préjudice moral ; en Angleterre même doctrine.

(1) Lehr, *Droit anglais*.

(2) V. Demolombe, t. 31, p. 448 ; Merlin, *Quest. de droit, adul-*

Ici, il n'était nullement question d'astreinte ; pour cette raison sans doute on n'a pas hésité à accorder une indemnité pour réparation du préjudice moral ; puis l'on se trouvait en matière délictuelle (adultère), et il semble que nos tribunaux accordent avec plus de facilité cette réparation en cette matière qu'en matière contractuelle ; on n'aperçoit pas très bien le motif de cette différence.

En résumé, il y a dans cette question beaucoup d'incertitude, et cette incertitude provient du silence de la loi ; il eût pourtant été bon, dans une matière aussi difficile et aussi abstraite que celle des dommages-intérêts, que le législateur fournît au juge quelques indications.

Il est certain qu'on devra toujours laisser beaucoup à l'arbitraire du juge ; car comment taxer une affection, une atteinte à l'honneur ou à la considération ? peut-être néanmoins, pourrait-on indiquer au juge quelques règles générales pour le guider ? Mais il existe tant d'éléments divers, il entre tellement de considérations dans l'appréciation du dommage moral, que la plupart

tère, § 10 ; Sourdat, t. 1, n° 34.

Aix, 27 janv. 1829, D. 29.2.196 ; Cass., 5 juin 1829, D. 29.1.262 ; Poitiers, 4 fév. 1837, S. 37.2.374 ; Cass., 22 sept. 1837, S. 38.1. 331 ; Toulouse, 29 juin 1854, S. 54.2.155 ; Besançon, 20 juillet 1866, *J. du Palais*, 67.2 81. — *Contrà* : Angers, 8 mai 1820, cité en note, S. 38.1.331 ; Carnot, *C. pénal*, t. 2, p. 182.

du temps, il faudrait s'en rapporter à la conscience et à l'honnêteté du juge.

Au reste, si une autre réparation plus efficace que celle qui consiste en une indemnité pécuniaire, était possible, on ne devrait pas hésiter à l'accorder.

# CONCLUSION

Nous sommes arrivé au terme de notre travail.Nous avons pu constater combien était difficile et abstraite cette question des dommages-intérêts. Notre but unique a été de démontrer que la théorie de la jurisprudence était absolument insoutenable en droit. Mais les observations que nous avons pu faire, nous en sommes bien persuadé, ne changeront rien à une jurisprudence aussi fermement établie. Cependant, nous avons cru utile, pour l'honneur des principes,de nous élever contre une jurisprudence, qui semble avoir oublié que la séparation des pouvoirs devrait être une des institutions les plus respectées de notre société actuelle, et s'est faite législateur.

Le pouvoir législatif et le pouvoir judiciaire ont chacun leur sphère bien tracée ; il existe une impossibilité aussi absolue pour le juge à vouloir faire la loi, que pour le législateur à vouloir connaître des décisions des tribunaux.

Cependant les juges ne prennent même plus la peine

de discuter la valeur théorique des astreintes, et leur
théorie a atteint depuis ces dernières années des proportions si considérables qu'on peut raisonnablement
se demander où elle s'arrêtera.

En effet le principe soutenu est le suivant: « il ne faut
pas qu'une décision judiciaire reste lettre morte, la résistance opposée aux ordres de la justice doit être vaincue à tout prix. » De là toute une série de mesures desti-
nées à triompher du mauvais vouloir du débiteur ; on ne
peut l'attaquer dans sa personne physique ; on l'atta-
quera dans ses biens, et comme il peut se faire que le
débiteur persiste, il est naturel que l'astreinte augmente avec la persistance de son refus. Il n'y a pas de
fortune qui puisse résister à de pareils assauts.

Devant un débiteur récalcitrant qui a promis de faire
un tableau estimé à 100 francs, rien n'empêchera le
juge de le condamner à 10 francs par jour tant qu'il
n'aura pas exécuté, puis à 20, 50, 100, 1.000 francs,
etc., etc.

Bref, le dernier terme logique de l'astreinte sera la
ruine du débiteur, et comme la somme ainsi établie à
titre de peine profite au créancier, il va pouvoir vivre
des rentes que lui paiera son débiteur ; et dans bien
des cas, son secret désir sera de voir persister un refus
dont il tire de si grands profits.

Voilà le résultat obtenu, voilà comment on est arrivé
à faire triompher l'équité et à obtenir le respect des
conventions.

La jurisprudence a abrité derrière le drapeau de l'équité, agité trop souvent, à notre avis, la violation flagrante de notre loi. Car, nous espérons l'avoir démontré, rien ne justifie un pareil procédé, et ses conséquences viennent témoigner contre lui. Pour pouvoir faire impression sur le débiteur, il faut que la somme accordée puisse lui causer une gêne appréciable ; il faudra donc s'occuper de sa situation de fortune, et le frapper d'autant plus rigoureusement que cette fortune sera plus considérable.

La peine peut être définitive d'après une jurisprudence assez récente. Un pareil système est contraire aux deux grands principes « pas de peines sans textes, pas de peines arbitraires ». Notre droit n'a jamais connu que les amendes versées au trésor, il n'admet pas les « amendes privées ».

Ces amendes seraient empreintes de l'arbitraire le plus absolu, le plus illimité, elles dépasseraient le préjudice matériel et même le préjudice moral ; le débiteur peut-être aimera mieux payer ces amendes que d'exécuter l'obligation, mais alors, dira-t-on, il n'y a plus de peine, car la peine est toute subjective ; la persistance du débiteur à refuser l'exécution montre que celui-ci attache plus de prix à l'objet qu'on lui réclame qu'à la somme considérable dont il sera dépouillé. Nous connaissons le vice de ce raisonnement, il légitime les astreintes, mais il a le tort de négliger la valeur véritable de la prestation, et le préjudice vraiment causé.

Au reste l'idée de peine n'est pas née immédiatement; tout d'abord le délai et les dommages-intérêts
étaient comminatoires; on voulait laisser au débiteur
le temps de la réflexion, on se contente alors d'une menace. Nous avons longuement insisté sur cette idée qu'il
était absolument impossible aux tribunaux d'évaluer à
l'avance le préjudice; et nous avons expliqué ainsi le
caractère comminatoire de ces sortes de condamnations. La jurisprudence semble enfin avoir tout récem-
ment aperçu cette impossibilité, comme le prouve un
arrêt de la Cour d'Alger du 17 février 1894 (1), mais
alors au lieu de prononcer des dommages-intérêts, il
lui suffira de condamner à une astreinte. Cette peine actuellement est comminatoire ou définitive; les juges
ont à ce sujet un pouvoir souverain d'appréciation; la
présomption qui existait autrefois en faveur du caractère comminatoire de la peine a été cependant renver-
sée par la Cour de cassation au profit du caractère définitif. La Cour suprême s'est montrée dans cette matière
plus soucieuse que les Cours d'appel de l'autorité de la
chose jugée.

Nous ne revenons pas sur les critiques que nous avons
faites des astreintes pénales, ou pénales et comminatoires; elles sont insoutenables et viennent se heurter
aux principes les plus sacrés de notre droit. Leur utilité
pratique ne saurait les excuser, il est peut-être d'autres

(1) D. 95. 1. 46 et la note.

moyens plus légaux dont notre jurisprudence pourrait se servir :

Elle pourrait tenir compte davantage du préjudice moral apprécié avec circonspection ; dans les obligations où l'intérêt pécuniaire est fort minime, le débiteur ne pourrait plus de la sorte se moquer de ses engagements.

Dans les cas où l'exécution en nature est possible, les juges devraient toujours la prononcer ; ils diminueraient le champ d'application de l'astreinte (1). Ainsi notamment en matière d'obligations légales, au moins quand l'emploi de la *manus militaris* est efficace, cette *manus militaris* devrait toujours être ordonnée. Voici par exemple une condamnation à restituer des enfants ; pour s'y soustraire on les emmène à l'étranger ; est-ce que, par ce seul fait, la justice française va être désarmée ? et n'est-il pas au moins de son devoir de demander l'exequatur, à plus forte raison, si des enfants mineurs illégalement détenus par une personne qui n'en a pas la garde sont sur le territoire français, la restitution *manu militari* doit en être ordonnée, alors même que la partie demanderesse ne réclamerait que des dommages-intérêts par jour de retard ; ou si l'on ne reconnaît pas au juge le droit de statuer, *ultra petita*, qu'on lui refuse au moins celui de faire droit à une demande qui n'est pas

_______

(1) *Contra*, V. Nancy, 25 janvier 1873, D. 73.2.11.

justifiée, tant qu'il n'est pas prouvé que l'emploi de la *manus militaris* est impossible. On évitera de cette façon l'évaluation toujours délicate du préjudice moral ; ce sera seulement à défaut d'autres moyens qu'on aura recours à cette dernière ressource.

Si l'on se trouve en présence d'une obligation tombant sous le coup de l'article 1142, il faudra bien se contenter des dommages-intérêts. Il serait peut-être utile d'avoir une sanction plus énergique et de punir celui qui ne voudrait pas par mauvaise volonté remplir ses engagements. Mais ce serait là un changement bien radical, qui modifierait complètement la notion des dommages-intérêts ; ce serait le rétablissement des amendes privées des Romains ; nous croyons qu'une modification de cette nature n'est pas encore sur le point de recevoir une sanction législative ; les amendes chez nous profitent au Trésor ; il n'abandonnera jamais ses droits ; et on pourrait soutenir avec une certaine apparence de vérité que la partie est complètement dédommagée lorsqu'on lui accorde la réparation du préjudice matériel et moral. La somme allouée en plus n'est que la réparation du délit causé envers la société, du trouble apporté au bon fonctionnement des affaires ; c'est la société qui doit en profiter ; sans cela, la partie lésée aurait intérêt, dirait-on, à ce que sa co-contractante n'exécute pas l'obligation ; car elle toucherait à la fois la réparation et la peine.

Il vaut mieux recommander aux parties dans ces sortes d'obligations qui peuvent ne pas être exécutées en nature, de prévoir cette éventualité par une clause pénale, qui supprimerait toutes ces difficultés et donnerait satisfaction complète aux parties.

Vu :
Le Président de la thèse,
CH. MASSIGLI.

Vu :
Le Doyen,
GARSONNET.

Vu et permis d'imprimer :
*Le Vice-Recteur de l'Académie de Paris,*
GRÉARD.

# TABLE DES MATIÈRES

Imp. G. Saint-Aubin et Thevenot. — J. THEVENOT, successeur, Saint-Dizier (Haute-Marne)

Imp. G. Saint-Aubin et Thevenot. — J. Thevenot, successeur, Saint-Dizier